MICHEL BRÛLÉ

4703, rue Saint-Denis
Montréal, Québec H2J 2L5
Téléphone : 514 680-8905
Télécopieur : 514 680-8906
www.michelbrule.com

Conception graphique : Jimmy Gagné
Infographie : Jimmy Gagné, Roxane Vaillant et Marie-Andrée Perron
Coordination : Roxane Vaillant
Révision et correction : France Lafuste, Nelly Duvicq et Claire Caland
Photographie : Shutterstock, iStockphoto et Patrick Hébert pour pages 12, 13, 34, 37, 38, 41, 47, 100, 162, 175.
Recettes exclusives : Julien Joré
Manufacture du CD : Magra Multi Média

Distribution : Prologue
1650, boul. Lionel-Bertrand
Boisbriand, Québec J7H 1N7
Téléphone : 450 434-0306 / 1 800 363-2864
Télécopieur : 450 434-2627 / 1 800 361-8088

Distribution en Europe : D. N.M. (Distribution du Nouveau Monde)
30, rue Gay-Lussac
F-75005 Paris, France
Téléphone : 01 43 54 50 24
Télécopieur : 01 43 54 39 15
www.librairieduquebec.fr

Les éditions Michel Brûlé bénéficient du soutien financier du gouvernement du Québec – Programme de crédit d'impôt pour l'édition de livres – Gestion SODEC et sont inscrites au Programme de subvention globale du Conseil des Arts du Canada. Nous reconnaissons l'aide financière du gouvernement du Canada par l'entremise du Programme d'aide au développement de l'industrie de l'édition (PADIÉ) pour nos activités d'édition.

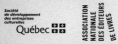

Bibliothèque et Archives nationales du Québec
Bibliothèque nationale du Canada
ISBN 13 : 978-2-89485-428-0

Brigitte Boucher-Paré
Anne Robillard

Les fêtes de Parandar

Réjouissances médiévales
et secrets du banquet des Chevaliers d'Émeraude

Avec la participation du chef cuisinier Julien Joré

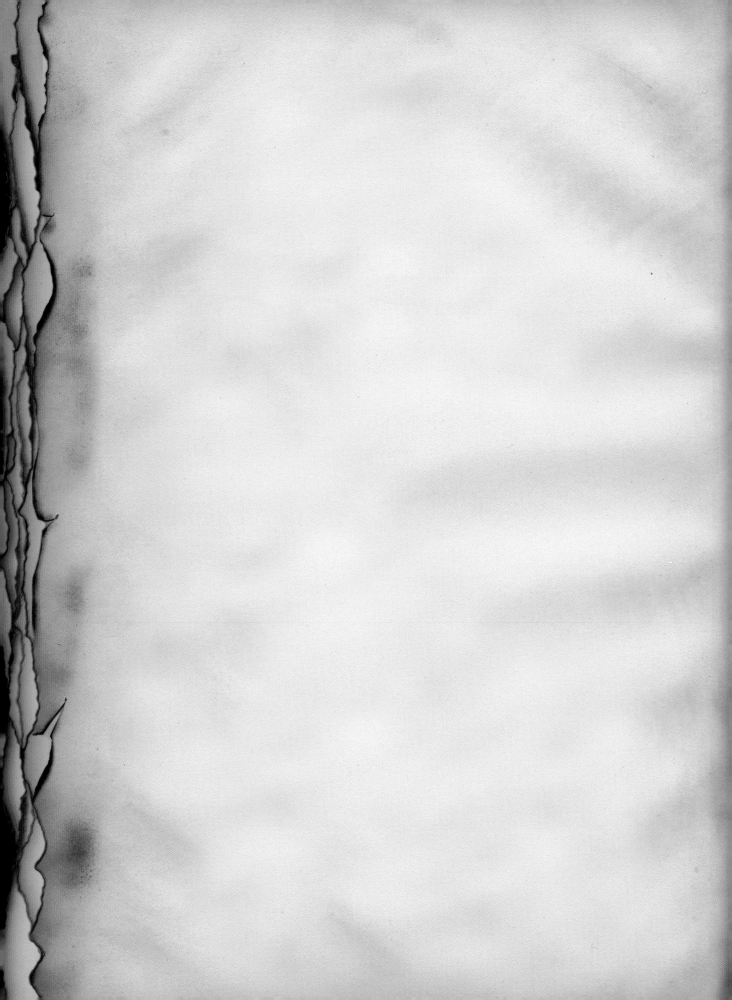

BRIGITTE BOUCHER-PARÉ
ANNE ROBILLARD

LES FÊTES DE PARANDAR

RÉJOUISSANCES MÉDIÉVALES ET SECRETS DU BANQUET DES

CHEVALIERS D'ÉMERAUDE

INCLUANT LE CD DE

FAËRIA

MICHEL BRÛLÉ

Remerciements

J'aimerais remercier du fond du cœur Anne Robillard pour son appui inconditionnel du début à la fin de ce projet. Merci également à Pier-Luc Papineau pour les centaines d'heures supplémentaires passées à fignoler le CD de même qu'à son épouse, Mélanie Desautels, pour son accueil toujours chaleureux, ses critiques constructives et son soutien indéfectible. Merci aux membres de Faëria : Marie-Christine Bilodeau, France Caya, Martine Chiasson, Régis Gagnon, Micheline Girardin et Pier-Luc Papineau, pour les innombrables heures déployées pour arriver à produire un CD d'une si grande qualité. Merci à Élaine Biron de la Costumerie de Magog pour les merveilleux costumes fournis à l'occasion du banquet, ainsi qu'à son équipe de joyeux lurons qui ont participé, avec une bonne grâce exemplaire, à un banquet « sous la pluie battante ». Merci à Patrick Hébert pour ses services de photographe, ainsi qu'à sa troupe de comédiens qui figurent sur certaines superbes images tirées des différents événements. Merci à Roxane Vaillant, des éditions Michel Brûlé, pour son professionnalisme, son écoute et ses excellents conseils. Merci également à Nelly Duvicq avec qui Roxane a passé de nombreuses heures à « parandiser » ! Merci à Jimmy Gagné pour la qualité exceptionnelle de son travail graphique. Merci à Jean-Michel Ayotte pour son grain de sel essentiel à la recette de ce livre. Merci à mes parents, Jeannine St-Laurent-Boucher et Laurent Boucher, pour la vingtaine de plats médiévaux préparés et servis pour un banquet. Merci à Marie Paré pour la multitude de clichés photographiques croqués dans le but de servir mon inspiration. Merci aux courageux Chevaliers d'Émeraude qui, contre mauvaise fortune, bon cœur en participant avec entrain à un banquet sous la « flotte ». Merci, finalement, à mes dix enfants : Jacynthe, Alexandra, Élizabeth, Jean-Nicolas, Raphaël, Frédérique, Jean-Christophe, Marie, Tristan, François ; à leurs conjoints : Olivier, Yan et Tristan, ainsi qu'à mes trois petits-enfants adorés : Nathan, William et Gabriel, pour la compréhension et la patience dont ils ont fait preuve à mon égard tout au long de l'aventure.

À Jean Paré : l'homme de ma vie, mon mari, mon ami…

Préface

Avant de me lancer dans la merveilleuse aventure des Chevaliers d'Émeraude[1*], tout ce que je connaissais du Moyen Âge, je l'avais lu dans des romans ou je l'avais appris dans mes cours d'histoire. En fait, j'ai été très surprise lorsque mes lecteurs ont commencé à me demander en quelle année se déroulait la saga, car elle ne se passe même pas dans notre monde. Ce n'est que quelques années plus tard que j'ai entendu parler du « médiéval fantastique ». J'en ai lu et relu la définition, et j'ai finalement compris que les Chevaliers d'Émeraude s'y inscrivaient tout à fait.

La vie a ensuite placé sur ma route des gens formidables qui œuvraient quotidiennement ou de temps en temps dans cet extraordinaire univers. J'ai rencontré des forgerons, des artisans du cuir, des experts en maniement d'armes anciennes et des organisateurs de spectacles médiévaux. J'ai aussi fait la connaissance de Pier-Luc Papineau, que je me plais maintenant à surnommer Pier-Luth. À la sortie du tome 5, il a communiqué avec moi pour obtenir la permission de jouer de la musique d'ambiance lors de la séance de dédicaces que je devais faire à Sherbrooke. Ni lui ni moi ne nous doutions que ce serait le début d'une belle collaboration.

Pier-Luc m'a présenté les membres de Faëria ce jour-là. Non seulement je les ai trouvés très sympathiques, mais leur talent m'a renversée. J'étais tellement enchantée par leur musique que j'ai eu peine à écouter les commentaires des lecteurs qui venaient faire signer leur tome 5. Je flottais sur un nuage.

Lorsqu'il m'a parlé du projet des *Fêtes de Parandar*, en 2007, je lui ai fait part des centaines de courriels que je recevais de lecteurs qui voulaient savoir comment organiser

---

* Les notes de bas de pages sont répertoriées chapitre par chapitre à la fin de l'ouvrage, p. 198.

une fête ou un banquet à la «Chevalier d'Émeraude». J'ai tout de suite compris que nous pourrions leur offrir un outil de première classe.

Que vous désiriez organiser un mariage, un banquet entre amis ou tout simplement un anniversaire de naissance comme au château, cet ouvrage contient tout ce que vous avez besoin de savoir : recettes, costumes, décorations, contes et autres. Il a été rédigé avec amour par Brigitte Boucher-Paré, instrumentiste géniale de Faëria, entre son travail de composition pour le groupe et ses obligations de maman (elle a dix enfants !).

Je vous souhaite donc des heures de plaisir en compagnie de vos amis chevaliers !

ANNE ROBILLARD

Introduction

Saviez-vous que nos ancêtres du Moyen Âge avaient plus d'une centaine d'occasions de festoyer annuellement ? Qu'il s'agît de célébrer un moment de l'année important ou encore de fêter un illustre personnage, le bon peuple rivalisait d'imagination et de créativité afin de conférer à l'événement un caractère festif unique, extra-ordinaire. Si les jeux, les spectacles et les danses étaient alors des moyens de se divertir et de se défouler ensemble, s'asseoir autour d'une grande table en bois en savourant mille et une agapes était le reflet de la générosité de l'hôte et témoignait de l'importance du partage. Le philosophe grec Épicure disait en des temps bien plus reculés : « Il ne faut pas tant regarder ce que l'on mange que celui avec lequel on mange. » Toutefois, les mets proposés aux convives étaient autant de cadeaux offerts à leurs papilles et à leur esprit. Les pages qui suivent s'inspirent de ces maîtres du banquet, pour vous accompagner dans la réalisation d'une réception réussie. Vous puiserez à l'envi des idées de recettes, de décorations et de jeux, ou encore des suggestions de costumes.

Ce livre s'adresse à ceux qui souhaitent en apprendre davantage sur les coutumes médiévales et aux adeptes de l'univers des Chevaliers d'Émeraude. En effet, le lecteur aura le plaisir d'y découvrir les secrets des banquets des Chevaliers grâce à la collaboration d'Anne Robillard.

Fêtez à votre tour le dieu Parandar qui veille sur les valeureux chevaliers du monde fantastique d'Enkidiev ! Dansez allègrement sur la musique de Faëria[2], celle-là même qui accompagne, une fois l'an, le banquet des Chevaliers d'Émeraude, car elle renferme l'essence de ce monde fantastique populaire.

Un banquet médiéval pas à pas

À celui qui, dans le banquet, gardait un silence complet, Théophraste dit :

« Si tu es sot, tu fais sagement, mais si tu as de l'éducation, tu fais sottement[3]. »

Le banquet[4], au Moyen Âge, est un événement qui vise à consolider les liens d'une communauté ; il constitue une manifestation d'appartenance à un groupe social et/ou religieux. Il règne, durant un banquet, une ambiance de partage propre à aiguiser sa conscience d'autrui. C'est ainsi qu'à l'instar de nos lointains ancêtres, nous nous rassemblons encore pour célébrer les petits et grands plaisirs de la vie. Comme eux, nous ressentons le besoin irrésistible de nous réunir pour prendre part à des rites de passage. Qu'il s'agisse de souligner un anniversaire, un mariage, une promotion, une naissance, un temps spécial de l'année ou, plus tristement, un décès, un départ ou une retraite, la communauté ainsi rassemblée pour partager ces précieux instants est génératrice d'énergie et de force pour qui prend la peine d'y participer. Si rassemblement et partage sont au cœur des célébrations, l'ambiance en est le corps. Il s'agit, ici, de modeler celle-ci à l'image du banquet médiéval. Les occasions foisonnent ; il suffit de se laisser inspirer.

Le lieu du banquet

Tout d'abord, il importe d'avoir une idée approximative du nombre de convives qui se joindront au banquet, car ce nombre déterminera le type d'emplacement à privilégier. Si la température est clémente, il est préférable de fêter dehors, pourvu que le décor soit suffisamment champêtre. Mais prévoyez une solution de rechange au cas où le temps se gâterait soudainement ! Dans ce cas, pour de petits groupes, la salle à manger de n'importe quelle demeure fera l'affaire, pour peu qu'elle soit bien décorée. Pour les groupes plus importants, la location d'une salle peut s'avérer nécessaire. Nous vous suggérons de choisir un endroit simple, sans prétention, ayant suffisamment de place pour permettre aux participants de danser librement et de s'adonner à certains jeux d'adresse. Il faut également penser aux assurances et aux installations sanitaires et vérifier si celles-ci sont facilement accessibles. Assurez-vous d'obtenir un permis de feu pour pouvoir organiser un bivouac et d'avoir un extincteur à portée de main. Il est important de prévoir une trousse de premiers soins et un téléphone à utiliser en cas d'urgence. Si on a accès à une étendue d'eau ou à une piscine, il faut un surveillant pour assurer la sécurité. Il faut considérer la superficie de la piste de danse : trop grande, elle risque de gêner les danseurs, trop petite, ils se marcheraient dessus.

L'invitation[5]

Originale, présentée sur du papier-parchemin, l'invitation doit contenir les informations importantes, telles que la date, l'heure, le lieu (avec carte routière, au besoin), le coût (si coût il y a) ainsi que toute information pertinente (jeu de rôle, titre, costume, etc.). Une police d'écriture médiévale ainsi qu'un sceau de cire finiront d'aiguiser la curiosité des destinataires. Nous vous suggérons le parchemin «végétal».

Papier-parchemin

Matériel
Sachets de thé (ordinaire)
Feuilles de papier
Eau
Cire à chaussure brune et chiffon propre (facultatifs)

Préparation
Faire bouillir de l'eau dans un chaudron de grosseur moyenne (environ la moitié du chaudron). Ajouter des sachets de thé jusqu'à l'obtention d'un liquide plus ou moins brunâtre (la teinte obtenue dépendra de la quantité de sachets utilisés). Laisser mijoter deux minutes, puis retirer du feu. Laisser tiédir. Prendre la feuille de papier et en faire une boule assez compacte. Tremper cette boule dans le liquide durant quelques secondes, le temps de permettre à celui-ci de s'infiltrer partout. Retirer du liquide, puis déplier très délicatement. Étendre la feuille bien à plat sur une tôle à biscuits. Mettre au four à température moyenne jusqu'à ce que le papier commence à roussir. Sortir du four et laisser refroidir. Écrire le message puis, avec un chiffon propre, étendre de petites quantités de cire çà et là. Résultat garanti !

Le jeu de rôle

Participer à un jeu de rôle est l'occasion de se mettre dans la peau d'un autre et de se projeter dans un autre univers. Changer de prénom et de statut social l'espace d'un instant est pour le moins amusant, et l'ambiance d'un banquet médiéval se prête parfaitement au jeu. Si vous êtes l'instigateur de la fête et que vous souhaitez prendre cette tangente, il serait bon de rédiger, dans votre invitation, une note précisant que les participants doivent se trouver un titre, un prénom ainsi qu'une profession. Ainsi, vos convives pourront prévoir le type de costume à revêtir, le niveau de langage à tenir, etc. Nous vous suggérons ici quelques façons de faire susceptibles de vous faciliter la tâche. Elles constituent également d'excellentes références pour les amateurs de Grandeur Nature (GN) et de reconstitution historique.

Vous avez également la possibilité de créer une activité spéciale typiquement médiévale parmi les suivantes :

- le couronnement d'un prince ou d'une princesse, d'un roi ou d'une reine ;
- le tournoi, à l'issue duquel est couronné le monarque du prochain banquet ;
- l'investiture de fief (ce peut être un cadeau collectif, une bourse d'études ou autre) ;
- l'adoubement, visant à honorer particulièrement un personnage qui s'est distingué d'une façon ou d'une autre.

La hiérarchie sociale

Hiérarchie nobiliaire	Hiérarchie militaire	Hiérarchie professionnelle	Hiérarchie religieuse
Roi-Reine	Connétable	Maître	Pape
Prince-Princesse	Maréchal	Compagnon	Cardinal
Duc-Duchesse	Sénéchal	Apprenti	Évêque
Marquis-Marquise	Chambellan		Moine
Comte-Comtesse	Bouteiller		Prêtre
Vicomte-Vicomtesse	Chancelier		Novice
Baron-Baronne	Bailli		
Banneret	Vicomte		
Chevalier	Châtelain		
Écuyer			

Les métiers et les dénominations

Parmi les métiers exercés au Moyen Âge, certains sont plus exotiques que d'autres. Tout personnage qui ne fait partie ni de la noblesse, ni du clergé doit, forcément, occuper un emploi s'il veut survivre. Voici quelques titres et métiers dans lesquels on pourra puiser son inspiration. Les mots précédés d'un astérisque constituent des patronymes bâtis autour d'un contexte de travail mais ne représentent pas un métier en tant que tel. Peut-être y reconnaîtrez-vous votre propre nom de famille…

Apothicaire :	fabricant et vendeur de remèdes et de potions
Argousin :	officier des galères et de la surveillance des forçats
Bachelier :	jeune noble en attente de devenir chevalier ou diplômé d'université
Bachelette :	damoiselle
Bagasse :	fille de joie
Baillive :	épouse du bailli
Barde :	auteur, compositeur, interprète de chansons mais aussi poète et conteur
Béasse :	jeune servante
Béguine :	femme pieuse vivant dans un couvent sans avoir prononcé de vœux
Bernier :	préposé à l'entretien des chiens
Blelistre :	itinérant vivant de la charité des passants
Boquillon :	coupeur de bosquets, bûcheron
Boucher :	vendeur de viande de bouc et aussi de bœuf et de mouton
Bouclier :	fabricant d'anneaux de métal (boucles)
Boulanger :	fabricant de pains en boules
Bourreau :	exécuteur des hautes œuvres (pendaisons sur l'échafaud) ou des basses œuvres (exécutions au niveau du sol, décollation, empalement, etc.)
Braconnier :	chasseur utilisant des chiens braques pour chasser

* Cabrera :	pâtre pour chèvres
Carpentier :	charpentier
Carrier :	ouvrier tailleur de pierres
Chambellan :	valet de haut rang responsable de tout ce qui se rapporte à la chambre d'un monarque
* Champier :	pâtre
Charron :	fabricant de chars
Colporteur :	commerçant ambulant
Connestable :	commandant de l'armée
Convers :	religieux qui n'a pas «voix au chapitre»
Cordier :	fabricant ou marchant de cordes
Cordonnier :	fabricant de chaussures et utilisateur de cuir de Cordoue
Coureuse de rempart :	fille légère
Courvoisier ou corvisier :	cordonnier
Crassier :	vendeur de «graisse»

Crieur public :	sorte de « journaliste » chargé d'informer les populations des événements importants, mais également marchand ambulant qui annonce sa marchandise en criant sur la place
Cuistron :	aide-cuisinier
Cuvelier :	constructeur de cuves, de tonneaux
Damoiseau :	jeune noble qui n'est pas chevalier
Encrier :	fabricant et/ou vendeur d'encre
Escailleteur ou escaillier :	couvreur de toits
Escamoteur :	magicien prestidigitateur
Escrignier :	menuisier (qui fabrique de menues choses de bois)
Fèvre :	forgeron
Filletier :	vendeur d'écheveaux de fil à tisser
Fournier :	fabricant de fours à pain, ou boulanger, ou fermier d'un four banal
* Fromentin :	cultivateur de blé (froment)
Fruitier :	vendeur de fruits et légumes, de beurre, de fromage, de chandelles et de bougies
Gargot :	abatteur de porcs
Gorlier ou bourrelier :	fabricant de harnais pour chevaux
Grenier :	vendeur de grains, de fleurs et d'arbustes
Hostelain :	aubergiste, hôtelier
Huissier :	fabricant de portes (huis) ou officier chargé d'ouvrir et de fermer les portes
Ladre :	lépreux
Laisnier :	commerçant de laine
Maréchal (ferrant) :	artisan du métal spécialisé dans la fabrication et la pose du fer à cheval
Ménestrel :	troubadour, musicien ambulant
Messier :	officier chargé de veiller sur les terres cultivées
Meunier :	artisan qui ne fait pas que dormir, mais moud aussi le grain
Orfèvre :	fabricant d'objets en or et en argent (de « or » et *faber*, faire)

Orpailleur :	chercheur d'or
Oublier :	vendeur d'oublies (petites gaufres)
Pailleur :	travailleur chargé de la paille destinée aux chevaux
Panetier :	fabricant de paniers, ou personne chargée du pain lors d'un festin, ou boulanger
Parmentier :	couturier qui «fignole» les vêtements
Pasteur :	berger, plus spécifiquement gardien de moutons
Pelletier :	commerçant de fourrures
Philosophe :	celui qui se livre à l'étude de la philosophie (discipline comprenant la physique ou la logique)
Potier :	artisan du domaine de la poterie (fabricant de pots)
* Poudevigne :	personne chargée de la taille des vignes
Poudrier :	gardien des réserves de poudre à canon
Poulailler :	commerçant de volaille itinérant
Poupetier :	vendeur de poupées
Queux :	cuisinier
* Rabier :	cultivateur de raves
Rebouteux :	sorte de «ramancheur»
Ribaude :	servante assurant le ravitaillement (avec tout ce que cela implique) d'une troupe militaire ; toute prostituée ou femme de petite vertu
Rodier ou royer :	fabricant de roues de charrette
Saucier :	préparateur de sauces destinées à relever les mets
Saunier :	ouvrier dans le domaine du sel
Savetier :	fabricant de «savates» (chaussures)
Soyeur ou scieur d'aisses :	scieur de bois
Tanneur :	traiteur de peaux d'animal (aucun rapport avec «tannant»)
Taponnier :	fabricant de bouchons

Tessier :	personne qui tisse
Tourier :	geôlier (gardien dans une tour), ou religieux non cloîtré, ou pâtissier chargé de la pâte
Vacher :	pâtre et, parfois, fabricant de fromage
Vannier :	artisan qui se spécialise dans la fabrication d'objets et de meubles en osier
Veneur :	responsable des chiens de chasse
Ventres-creux :	pauvres affamés
Ventrière :	sage-femme, accoucheuse
Verdurier :	vendeur de légumes
Vicomte :	prévôt de justice
Vilain :	paysan
Voyer :	responsable de l'entretien des voies publiques

L'origine des noms

Tous les noms et prénoms ont une origine plus ou moins lointaine. L'étymologie des noms et des prénoms est une science très complexe, mais, pour simplifier, disons que les noms de famille se classent selon quatre catégories :

- les noms attribuables à un chef de famille (par exemple dans Luc Jacques, Luc est le fils de Jacques) ;
- les noms évoquant une provenance (comme dans Pierre Deschamps, Jean Latour, Jacques Duchesne, etc.) ;
- les noms de métiers exercés par les chefs (comme dans Martine Boulanger, Françoise Leclerc, etc.) ;
- les noms nés de surnoms : Marc de Longue-Épée, Marie Labelle, etc.

Prénoms féminins

Adélaïde
Aelflède
Aélis
Agathe
Agleberthe
Agnès
Aliénor
Alix
Ansegisèle
Arégonde
Arsinoé
Aude
Aure
Bathilde
Béatrice
Bélissende
Bérengère
Berthe
Blanchefleur
Brigithe
Brunehaut
Catherine
Clotilde
Clotsinde
Colombe
Constance
Cornélia
Cunégonde
Durance
Eléonore
Elvira
Emma
Engevina
Enide
Ermangarde

Ermeline
Eulalie
Flore
Frédégonde
Galswinthe
Godelive
Gudule
Guenièvre
Hedwige
Héloïse
Hildegarde
Hildeswinthe
Isabel
Iseult
Isolde
Jehanne
Judith
Leticia
Maloucha
Margot
Mathilde
Mélisende
Mélusine
Mildred
Morgane
Ode
Odile
Pélagie
Pétronille
Radegonde
Sibylle
Théodechilde
Tiphaine
Viviane
Ygerne

Prénoms masculins

Adalbert
Adémar
Aimeric
Alaric
Aragon
Arnaud
Augier
Balian
Barthélémy
Baudoin
Blaise
Brendan
Childebert
Childéric
Clodomir
Clotaire
Clovis
Colomban
Dagobert
Drogon
Eginhard
Emery
Faust
Fauvel[6]
Fiacre
Firmin
Fortunat
Gaël
Ganelon
Gaultier
Gauvin
Germain
Godin
Grégoire
Guérin

Harold
Herménégild
Hilaire
Innocent
Isidore
Lambert
Landri
Lothaire
Loup
Macaire
Maximin
Merlin
Nestor
Nordebert
Odilon
Odoacre
Pacôme
Pélage
Pepin
Philibert
Polycarpe
Raoul
Roland
Rollon
Séverin
Sidoine
Sigebert
Sylvestre
Théobald
Théodulf
Théodore
Théophane
Thimothée
Urbain
Valérien

La parlure

Le style de langage utilisé durant le banquet ajoute au dépaysement s'il comporte des mots anciens ou de vieilles locutions. Vu la spécificité de ceux-ci, nous vous en suggérons quelques-uns, simplement. Il s'agit parfois d'expressions encore utilisées de nos jours mais ayant subi de légers glissements de sens, de termes taquins pour les esprits échauffés ou de locutions à glisser dans toute bonne conversation qui se respecte.

Expressions courantes

Il nous arrive parfois de nous demander quelle est l'origine de certaines expressions employées quotidiennement. Dans les lignes qui suivent, nous donnons l'explication des plus usitées d'entre elles. En donner la signification durant une réception contribue à faire naître de belles discussions et ajoute à l'ambiance d'un autre temps.

Acheter chat en poche

Prendre possession d'une chose (achetée ou donnée) sans vérifier ce qu'elle est réellement ni dans quel état elle se trouve. On raconte qu'un noble acheta un lièvre d'un chasseur sans prendre la peine de regarder à l'intérieur du sac qui lui avait été remis. Quelle surprise lorsque le cuisinier ouvrit le sac, puisqu'il contenait un chat !

À la queue leu leu

L'un à la suite de l'autre. «Leu» veut dire «loup» en vieux français. Comme dans une horde de loups fortement hiérarchisée, les loups occupent le rang qui leur revient, soit les uns derrière les autres, à la queue de la queue, de la queue…

Avoir maille à partir

Vivre un conflit avec autrui. «Avoir de la misère» avec quelqu'un. Pour nos ancêtres, la maille est la monnaie ayant la plus petite valeur. Il est donc impossible de la partager. Cela génère donc des disputes fréquentes puisque chacun désire obtenir ladite maille…

Avoir pignon sur rue

Avoir une entreprise bien installée. Cette expression toute médiévale vient du fait que, le toit des demeures étant généralement incliné, le triangle ainsi obtenu formait un «pignon». Dans les villages de l'époque, afin de gagner de l'espace, les bâtisses sont orientées de côté, présentant leur pignon à la rue.

Avoir voix au chapitre

Avoir le droit d'exprimer son opinion. Le chapitre désigne le rassemblement des moines et des chanoines qui discutent des affaires du monastère. Les autres membres de la communauté, moins élevés dans la hiérarchie monacale, n'ont pas voix au chapitre.

Battre sa coulpe

Faire son *mea culpa* ou examen de conscience. Durant la cérémonie religieuse, les fidèles chrétiens doivent faire leur examen de conscience et s'accuser de leurs péchés en se frappant la poitrine avec leur poing fermé. Exécuter ce geste se nomme : «Faire son *mea culpa*» ou «Battre *sa culpa*», ou «coulpe».

C'est une autre paire de manches

C'est une autre histoire. Au Moyen Âge, les manches des vêtements ne sont pas fixées de façon permanente aux vêtements. On les coud et découd au besoin. La dame, en gage d'amour «courtois», offre l'une de ses manches à son chevalier servant. Celui-ci l'attache à sa lance. Il porte ainsi les couleurs de celle qu'il vénère d'un amour chaste, et toute son énergie est consacrée à épater sa maîtresse. Lorsque le tournoi est terminé, inutile de préciser que la manche est en fort mauvais état. Au prochain tournoi, il faudra une autre paire de manches. Mais ça, c'est une autre histoire…

Chercher noise à quelqu'un

Chercher, par tous les moyens, à faire sortir autrui de ses gonds. «Noise» signifie, à l'origine, «bruit» ou «querelle bruyante». Dans la langue de Shakespeare, on a conservé cette signification dans le terme *noise*.

Une cotte mal taillée
(transformée en : Une coche mal taillée)

Faire un faux pas, faire un geste regrettable. La cotte est un vêtement ample qui, pourtant, s'il est mal conçu, ne sied à personne. La cotte n'étant plus à la mode, l'expression glisse vers «coche mal taillée» en référence au travail du bois.

Découvrir le pot aux roses
(à l'origine : Pot au rose)

Découvrir le clou d'une intrigue. Le pot dont il est question ici est un récipient dans lequel les «coquettes» conservent leur fard à joues (rose). À une époque, disons, puritaine où la coquetterie chez les jeunes filles est hautement répréhensible, celles qui désirent se «pomponner» un peu doivent le faire «en cachette». «Découvrir le pot au rose», c'est découvrir l'outil ayant servi au péché d'orgueil.

De taille et d'estoc

Utiliser la pointe (estoc) de l'épée et son tranchant (taille), en se battant. Donc, se défendre par tous les moyens possibles.

Élever sur le pavois

Mettre quelqu'un en évidence de manière à lui rendre hommage. Le pavois est un bouclier de forme ronde sur lequel il est d'usage – chez les Celtes, en particulier – de faire monter le chef d'un village ou un vainqueur. Il ne suffit que de penser à l'un des héros d'une bande dessinée très célèbre (Abraracourcix) pour visualiser le tableau.

Être en lice

Faire partie des compétiteurs. Les lices sont les espaces (champs clos) réservés aux chevaliers qui doivent s'affronter en tournoi.

Espèces sonnantes et trébuchantes

À l'époque des châteaux, l'aloi est la quantité d'or ou d'argent entrant dans la fabrication d'une pièce de monnaie. Afin de déterminer si la qualité des espèces est acceptable, on les fait sonner (probablement en les lançant contre un objet dur) et on les pèse à l'aide d'une balance de type «trébuchet». Lorsque le son est «bon» et que le résultat de pesée est adéquat, il s'agit réellement d'espèces de bon aloi, donc de bonne qualité.

Être passé maître dans l'art de…

Avoir acquis l'expérience qui donne la parfaite maîtrise d'un art, en référence aux trois degrés marquant l'apprentissage d'un métier : apprenti, compagnon, maître.

Être sur la sellette

Être le point de mire du jugement populaire ; se trouver dans une position inconfortable, à l'instar des accusés qui doivent s'asseoir sur un petit banc bas[7] en attendant de connaître le verdict du juge.

Faire des gorges chaudes

Se moquer des autres à leur insu et en y allant gaiement. Cette expression vient d'une technique de vénerie. Les petits animaux (souris, mulots, vermine) que l'on donne encore vivants en récompense à un oiseau de proie dressé s'appellent «gorges chaudes», car ils sont encore tout chauds au moment d'être avalés. «Faire des gorges chaudes», c'est donc avoir de la vermine (des mauvaises paroles) dans le gosier.

Jeu de mains, jeu de vilain

Un vilain, un habitant de la « villa » (ferme) peu fortuné, n'a pas d'argent à dépenser en jeux de toutes sortes. Pour se distraire, certains d'entre eux s'amusent à se frapper les mains mutuellement en fredonnant des phrases ou refrains rythmés par le « tapage », comme cela se pratique encore actuellement dans les cours d'école du monde entier. Aujourd'hui, l'expression prend une signification « paillarde » relative au glissement de sens du terme « vilain », qui veut dire « garnement », « homme mauvais ».

Mettre sa main au feu

Il s'agit d'une coutume créée par l'Église et qu'on appelle « ordalie ». Lorsqu'il y a litige ou qu'un individu est accusé d'un crime, l'usage veut qu'on le soumette à l'épreuve du feu. Il doit prendre, à main nue, une tige de métal chauffée à blanc (ou, plus facile, mettre simplement sa main dans le feu). S'il dit la vérité, Dieu le protège et il ne ressent – en principe – aucune douleur. Inutile de préciser qu'il faut être vraiment convaincu d'avoir raison avant d'offrir de se soumettre au supplice !

Ne pas être dans son assiette

Il faut préciser que le mot « assiette » désigne tout endroit sur lequel on peut « asseoir » une chose. En ce sens, le lieu précis où le cavalier pose son postérieur sur une selle se nomme aussi « assiette ». « Ne pas être dans son assiette », c'est « s'en aller tout croche », être mal à son aise… comme lorsqu'on est assis de travers sur son cheval !

Qui va à la chasse perd sa place

Cette expression, de même que la suivante, se rapporte au célèbre « jeu de paume ». La « chasse » est un pointage particulier du jeu de paume. À ce moment d'une partie, quand la « chasse » a été obtenue, les adversaires changent de place sur le terrain. Le « serveur » se trouve ainsi à perdre son avantageuse place de « service ».

Rester sur le carreau

À l'origine, le sol du terrain de jeu de paume est fait de carreaux; il en a conservé le nom: «carreau». «Rester sur le carreau», c'est perdre la partie sur le carreau ou, plus maladroitement, se retrouver affalé sur le terrain à la suite d'une malencontreuse chute…

Travailler au noir et Couvre-feu

À une époque éloignée où l'électricité n'existe pas encore, le seul mode d'éclairage est la chandelle ou le flambeau. À l'intérieur des villes, là où sont sises les compagnies (de compagnons) et les corps de métiers, les édifices sont constitués presque exclusivement de bois, d'où le danger constant d'incendie. À un certain moment de la soirée, les habitants sont sommés de couvrir les feux et d'éteindre les bougies afin de minimiser les risques d'incendie durant leur sommeil. D'où l'expression «couvre-feu». Par conséquent, le travail devant être exécuté à la clarté, il est strictement interdit de travailler le soir. Les zélés téméraires arrivent tout de même à déjouer le règlement et, ainsi, «travaillent au noir» (dans l'obsucurité).

Un «a» avec titre en vaut deux
(transformé en: Un homme averti en vaut deux)

Lorsque la langue française écrite intègre les accents, le changement met un certain temps à se généraliser. Dans le but de rappeler la fonction de l'accent circonflexe sur le «a», on dit: «Un "a" avec titre (accent circonflexe) en vaut deux» (c'est-à-dire remplace l'usage d'écrire deux «a» de suite pour indiquer la sonorité plus profonde et fermée que l'on rencontre dans le mot «marâtre», par exemple). Avec les années, l'expression, n'ayant plus sa raison d'être, s'est modifiée pour servir un concept encore vrai de nos jours.

Valoir son besant d'or
(transformé en : valoir son pesant d'or)

Il existe, au Moyen Âge, une monnaie de grande valeur appelée «besant». Toute personne qui vaut un besant d'or a beaucoup de valeur (au sens propre et au sens figuré). Lorsque l'usage du besant devient chose ancienne, la tradition orale populaire transforme l'expression de manière à la rendre pertinente. De nos jours, un pesant d'or – en particulier pour les personnes dodues – peut représenter une somme… rondelette.

Si, d'aventure, un personnage devait faire usage d'injures, qu'il les puise à même la liste ci-dessous. Rires assurés !

Insultes savoureuses[8]

Abriconeor :	Canaille
Accidos :	Paresseux
Acoperos :	Cocu
Afadé :	Faible
Afitos :	Insolent
Ahaus :	Fumier/ordure, salopard
Ahur :	Voleur
Aillevin :	Enfant trouvé/bâtard
Ampas :	Valet, béni-oui-oui
Atainos :	Batailleur
Avoutre :	Vicieux
Bailleur de paroles en paiement :	Mauvais payeur
Bandoulier :	Voleur
Bastard :	Bâtard
Baubi :	Nigaud
Bécart :	Stupide
Bobu :	Niais
Bren :	Ordure
Cafre :	Lépreux
Caveste :	Chenapan
Chapon maubec :	Mal engueulé
Chatron :	Castré

Chopolote :	Insecte vulgaire
Coart :	Peureux
Coquebert :	Sot, impertinent
Coquillard :	Escroc
Corbineur :	Larron
Cornart :	Cocu
Croque-lardon :	Parasite
Croutelevée :	Pourri, lépreux
Culvert :	Serviteur, infâme
Devrevé :	Laid
Drubert :	Impuissant
Escaran :	Détrousseur
Escorchart :	Écorcheur
Escrafe :	Déchet
Eske :	Lâche
Galier :	Débauché
Gast blé :	Saboteur de champs de blé
Géménée de godinette :	Enfant de débauchée
Godon :	Anglais
Harpailleur :	Arnaqueur
Ladre :	Lépreux
Ladre vert :	Lépreux pourri
Malbête ou maucréature :	Mauvaise créature
Mâtin pourri :	Chien fini
Musardeau du diable :	«Niaiseux du câline»
Paillarde :	Dévergondée
Rogue :	Arrogant
Taille-lard :	Charlatan, coquin effronté
Veau coquard :	«Épais qui se la joue»
Vendeur de coquilles vides :	Escroc
Vessard :	Poltron

En cas de colère extrême[9]...

– Que cent diables te sautent au corps !
– Que tu sois damné comme un serpent !
– Dieu te mette en mâle semaine !
– Par la sanglante gorge !
– Que le chancre te puisse venir aux moustaches !

La décoration

Pour avoir une idée juste de l'ambiance qui règne dans les banquets médiévaux, il vous faut imaginer un lieu éclairé uniquement par des torches et des chandelles. Comme l'un des éléments les plus importants du banquet est le vin, il faut en retrouver des traces ici et là, sous forme de bouteilles vides mais aussi de pleines, bien entendu! Des chopes d'étain, des gobelets en bois ou en étain et des coupes grossières sont des attributs indispensables qui confèrent une allure festive à la table. Le reste de la décoration dépendra du type de banquet, de la saison et de la fête célébrée. Des herbes saisonnières, de vieux chaudrons de fonte et de la paille dispersés ici et là, des bannières et des oriflammes disposés sur les murs, des écus aux blasons flamboyants, des tonneaux, des seaux en bois, de vieux bouquins aux reliures usées, un sablier… sont autant d'accessoires, autant de pistes à explorer. L'important est de savoir quelle ambiance vous souhaitez voir se dégager de votre décor. Si vous avez du mal à imaginer le décor idéal, visionnez un film d'époque; vous y puiserez à coup sûr l'inspiration manquante.

La table

La table est constituée d'un grand panneau que l'on dépose sur des tréteaux, au moment opportun. C'est de cette pratique que nous viennent les expressions encore utilisées de nos jours : «mettre la table» et «ôter la table». Des bancs sont disposés tout autour de la table. S'il s'agit de chaises, des tissus colorés en cachent les dossiers. Une nappe non colorée, d'un blanc écru, couvre ledit panneau. L'hôte ou l'hôtesse doit veiller à ce qu'il y ait, sur la table, quelques bols d'eau fraîche dans lesquels flottent des pétales de fleurs, généralement des pétales de roses. Cette eau[10] sert au lavage des mains avant le repas ainsi qu'au rinçage des doigts durant celui-ci. Cuillères et couteaux sont les seuls ustensiles qu'on retrouve sur la table ; la fourchette, rappelant les attributs diaboliques, n'est pas admise, sauf pour le service des viandes. Des gobelets et des coupes d'étain[11] accueillent les boissons servies aux convives. Aucune serviette de

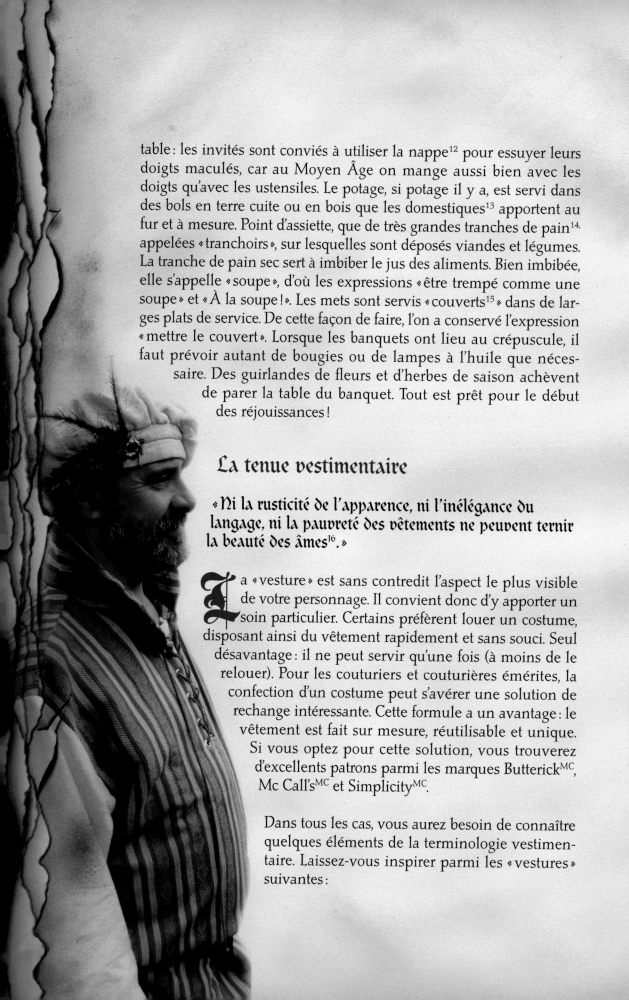

table : les invités sont conviés à utiliser la nappe[12] pour essuyer leurs doigts maculés, car au Moyen Âge on mange aussi bien avec les doigts qu'avec les ustensiles. Le potage, si potage il y a, est servi dans des bols en terre cuite ou en bois que les domestiques[13] apportent au fur et à mesure. Point d'assiette, que de très grandes tranches de pain[14,] appelées « tranchoirs », sur lesquelles sont déposés viandes et légumes. La tranche de pain sec sert à imbiber le jus des aliments. Bien imbibée, elle s'appelle « soupe », d'où les expressions « être trempé comme une soupe » et « À la soupe ! ». Les mets sont servis « couverts[15] » dans de larges plats de service. De cette façon de faire, l'on a conservé l'expression « mettre le couvert ». Lorsque les banquets ont lieu au crépuscule, il faut prévoir autant de bougies ou de lampes à l'huile que nécessaire. Des guirlandes de fleurs et d'herbes de saison achèvent de parer la table du banquet. Tout est prêt pour le début des réjouissances !

La tenue vestimentaire

« Ni la rusticité de l'apparence, ni l'inélégance du langage, ni la pauvreté des vêtements ne peuvent ternir la beauté des âmes[16]. »

La « vesture » est sans contredit l'aspect le plus visible de votre personnage. Il convient donc d'y apporter un soin particulier. Certains préfèrent louer un costume, disposant ainsi du vêtement rapidement et sans souci. Seul désavantage : il ne peut servir qu'une fois (à moins de le relouer). Pour les couturiers et couturières émérites, la confection d'un costume peut s'avérer une solution de rechange intéressante. Cette formule a un avantage : le vêtement est fait sur mesure, réutilisable et unique. Si vous optez pour cette solution, vous trouverez d'excellents patrons parmi les marques Butterick[MC], Mc Call's[MC] et Simplicity[MC].

Dans tous les cas, vous aurez besoin de connaître quelques éléments de la terminologie vestimentaire. Laissez-vous inspirer parmi les « vestures » suivantes :

Aube (du lat. *albus*, blanc) : Longue tunique blanche à manches longues portée à l'origine par les clercs, mais adoptée ensuite par les laïcs.

Aumônière (de «aumône») : Petite bourse à cordons ou à fermoirs qu'on accroche à la ceinture afin de contenir monnaie et menus objets.

Aumusse (du lat. *almutia*) : Court manteau couvrant tête et épaules et porté indifféremment par les membres du clergé et les laïcs. Coiffure-capuchon servant à prémunir les religieux contre le froid durant les messes nocturnes.

Bliaut : Longue robe de dessus unisexe.

Bourse (du bas lat. *bursa*, cuir) : Petit sac destiné à contenir des pièces d'argent.

Braies (du lat. *braca*) : Pantalon ample porté d'abord par les Gaulois, puis par les hommes de toutes classes sociales. Les braies prennent le nom de «haut-de-chausses» par opposition aux «bas-de-chausses», à l'origine de nos actuelles chaussettes.

Bulle (du lat. *bulla*) : Bijou renfermant un mot-talisman inscrit sur un bout de parchemin et qu'on porte au cou dans le but de protéger, généralement un enfant.

Cagoule (du lat. *cucullus*, cape, capuchon) : Sorte de cape assez évasée à capuchon et tombant jusqu'aux genoux.

Cape (du bas lat. *cappa*, sorte de coiffure) : Manteau imperméable à capuchon et sans manche.

Ceinture (du lat. *cingere*, ceindre) : Bande de tissu ou de cuir ceignant la taille et servant à l'ajustement de la tunique.

Chapel (du lat. *capellus*) : Couronne de fleurs ou de métal, puis, plus tard, chapeau.

Chaperon (de «chape», capuchon) : Courte cape circulaire munie d'une ouverture pour passer la tête, ou simple capuche.

Chasuble (du lat. *casula*, manteau à capuchon) : Habit sacerdotal (à l'origine) rudimentaire, constitué de deux pans et porté par-dessus l'aube.

Chausse (du lat. *calceus*, soulier) : Bas couvrant la jambe et équipés de semelles de cuir.

Chaussure (du lat. *calceus*) : Souliers.

Chemise (du bas lat. *camisia*, d'où «camisole») : Tunique de dessous à manches fermées, faite de toile de lin ou de chanvre et, parfois, de soie, que les hommes portent plus court que les femmes.

Coiffe (du bas lat. *cofia*, casque) : Bonnet ajusté à la tête, s'attachant sous le menton, porté par les hommes du peuple ainsi que par les chevaliers, sous le heaume.

Col (du lat. *collum*, cou) : Cylindre d'étoffe cachant le cou jusqu'au menton.

Corset («courte veste», du français «petit corps») : Sous-vêtement féminin utilisé pour soutenir la taille et le buste.

Cotte (du francique *kotta*, tunique) : Tunique unisexe, à manches longues, fendue sur les côtés ou sur le devant. Recouvre la chemise. La cotte est portée à tous les échelons de l'échelle sociale.

Couronne (du grec *korônê*, objet courbe) : Cercle d'orfèvrerie portée par les monarques.

Couvre-chef (couvrir le «chef», tête) : Genre de bonnet de nuit permettant de se protéger des courants d'air durant le sommeil.

Cuculle (du lat. ecclésiastique *cuculla*) : Capuchon porté par les moines.

Dalmatique (du lat. *dalmatica*, blouse de laine de Dalmatie) : Tunique richement décorée, réservée au culte jusqu'au XIVᵉ siècle ; elle est très ample et tombe jusqu'au sol.

Escarcelle (de l'ital. *scarsella*, petite avare) : Grande bourse portée à la ceinture.

Escoffion à cornes (de l'ital. *scuffia*) : Sorte de bourrelet à cornes couvert d'une résille garnie de perles, de grains de verre coloré ou d'or et auquel est fixé un voile. Cette coiffure est portée par-dessus la coiffe ; c'est un accessoire exclusivement féminin.

Freiseau (anc. français) : Peigne décoratif arboré par les dames.

Froc (du francique *hrok*, habit) : Partie du vêtement des moines qui se porte par-dessus la robe et qui couvre la tête, les épaules et la poitrine. Généralement faite de laine brune grossière.

Gant (anc. français *guant*) : Unisexe, le gant est fait de cuir, de soie, de laine ou de toile. Il recouvre la main jusqu'au poignet et est l'apanage des gens fortunés.

Gonnelle (anc. français, robe) : Sorte de cape sans manches portée par les hommes et les femmes, et ne couvrant que la tête et les épaules.

Gorgière (de « gorgerette ») : Voile diaphane attaché au chapeau et couvrant le cou et les épaules. Exclusivement réservé aux femmes.

Guimpe (du francique *wimpil*, banderole) : Voile de toile de lin ou de mousseline couvrant partiellement la tête, la gorge et les épaules des dames. Encore utilisé dans certaines congrégations religieuses.

Haut-de-chausses : Culotte courte (allant jusqu'aux genoux) masculine, attachée aux hanches.

Hennin (du néerl. *henninck*, coq) : Coiffure féminine en forme de long cône rigide d'où descend parfois un petit voile destiné à recouvrir le visage.

Houppelande (probablement de l'anc. anglais *hop-pāda*, pardessus) : Long manteau évasé, garni de fourrure, ouvert à l'avant et muni de manches très amples.

Journade : Vêtement de dessus à manches évasées, porté sans ceinture par les hommes de tout rang, en particulier les hérauts.

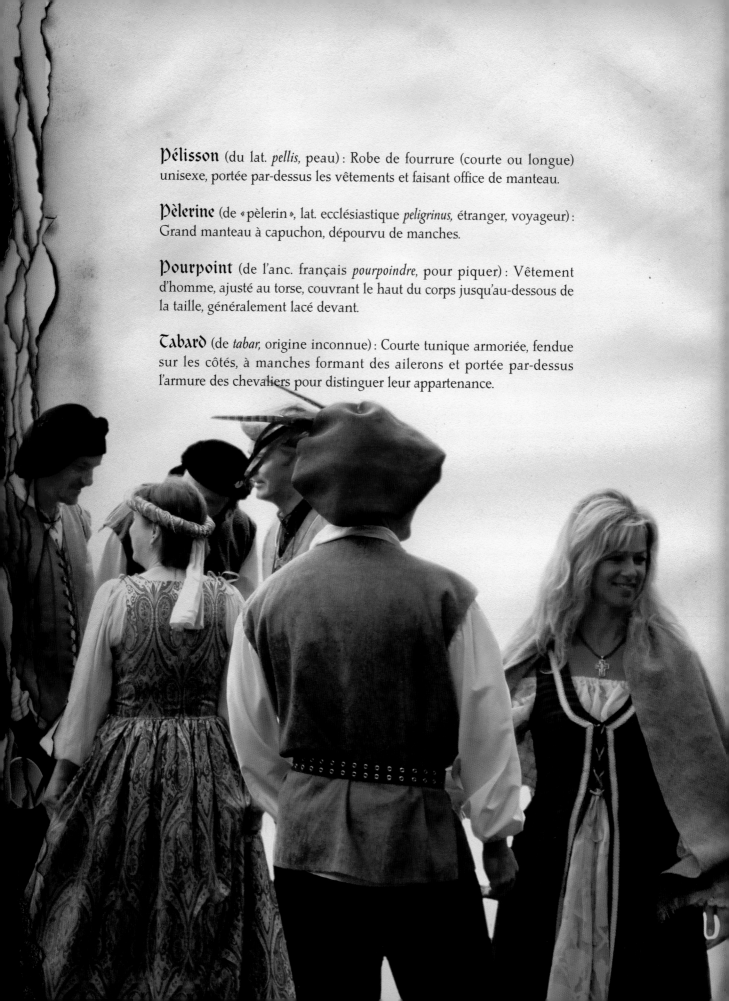

Pélisson (du lat. *pellis*, peau) : Robe de fourrure (courte ou longue) unisexe, portée par-dessus les vêtements et faisant office de manteau.

Pèlerine (de « pèlerin », lat. ecclésiastique *peligrinus*, étranger, voyageur) : Grand manteau à capuchon, dépourvu de manches.

Pourpoint (de l'anc. français *pourpoindre*, pour piquer) : Vêtement d'homme, ajusté au torse, couvrant le haut du corps jusqu'au-dessous de la taille, généralement lacé devant.

Tabard (de *tabar,* origine inconnue) : Courte tunique armoriée, fendue sur les côtés, à manches formant des ailerons et portée par-dessus l'armure des chevaliers pour distinguer leur appartenance.

L'accueil des convives, les bonnes manières et leurs règles[17]

Dans les demeures seigneuriales, l'appel des invités est fait par ordre de préséance[18]. C'est la tâche du hérault d'armes d'annoncer les participants. Mais chez les gens du peuple, nul décorum ; chacun s'assied où cela lui plaît !

S'il existe une activité propre à exciter rires et bonne humeur, c'est bien celle d'énumérer les règles de bonnes manières avant le début du banquet. En particulier si certains des convives ont décidé d'incarner des personnages rustres et mal dégrossis. Quoi qu'il en soit, il n'est jamais mauvais de rappeler quelques règles à observer, histoire d'éviter des incidents embarrassants.

- Avant de boire, achève de vider ta bouche et n'approche pas le verre de tes lèvres avant de les avoir essuyées avec ta serviette ou avec ton mouchoir, surtout si l'un des convives te présente son propre verre ou si tout le monde boit dans la même coupe.
- Il y a des gens qui, à peine assis, portent la main aux plats. C'est ressembler aux loups…
- Lécher ses doigts gras ou les essuyer sur ses habits est également inconvenant ; il vaut mieux se servir de la nappe […].
- Ingurgiter, d'un coup, de gros morceaux, c'est le fait des cigognes et des goinfres.
- C'est chose peu convenable que d'offrir à un autre un morceau dont on a déjà mangé.
- Tremper dans la sauce un pain qu'on a mordu est grossier ; de même, il est malpropre de ramener du fond de la gorge des aliments à demi mâchés et de les remettre dans son assiette.
- Il y en a qui dévorent, plutôt qu'ils ne mangent, comme des gens que l'on va mettre en prison tout à l'heure ; les filous mangent de la sorte ce qu'ils ont volé.
- D'autres engloutissent d'une seule fois de si gros morceaux qu'ils s'enflent les joues comme des soufflets ; d'autres, en mâchant, ouvrent tellement la bouche qu'ils grognent comme des porcs. D'autres mettent

tant d'ardeur à dévorer qu'ils soufflent des narines, en gens qui vont suffoquer.

- Boire ou parler la bouche pleine est incivil et dangereux.
- Il ne convient pas de faire du bruit en buvant, ni à un homme raisonnable, encore moins à une femme…
- L'air qui doit remonter en un rot doit donc être amené à sortir tout doucement…
- Il est incorrect de se nettoyer les dents devant le monde, avec le couteau […]. Et il y a des gens grossiers qui, voulant se laver la bouche à table, se mettent le doigt dedans, pour se frotter, et qui, après avoir fait une assez laide grimace, rejettent l'eau sur leur assiette.
- Il n'est pas convenable de ronger les os à la manière des chiens.
- Il faut toujours être aimable avec ses deux voisins ou voisines, et pas seulement avec celui qui est intéressant ou celle qui est jolie…
- Il ne faut pas couper le pain, mais bien le rompre parce que des particules de la croûte pourraient, sous l'effort du couteau, sauter dans les yeux des voisins, sur les épaules nues des voisines.

L'ordre des services

Il existe plusieurs manières de présenter les mets. Elles vont du plus simple, à savoir potage en entrée, rôti (mets principal) et desserte, au plus compliqué, certainement le service à la française qu'on voit naître au Moyen Âge dans les demeures nobles. Voici, en résumé, ce que sont ces services et ce qui les constitue :

- Mises en bouche : apéritif, ou « amont » ; il s'agit d'un vin de grenache accompagné de fruits (pommes, prunes, figues, cerises) et d'*eschaudes* (pâtisserie légèrement sucrée, à base de pain) ;
- Premier service : potages (tout plat en sauce qui se mange dans une écuelle) et pâtés (contenant de la pâte) ;
- Second service : rôts (viandes rôties) ou poissons grillés ;
- Entremets : bouillies de céréales, galantines ou entremets « mouvant et allant[19] » ;
- Desserte[20], ou « aval » : fruits et gâteaux, noix et fruits secs (dattes, raisins), compote ;

- Issue : oublies (pâtisseries légères et sucrées s'apparentant aux gaufres) et hypocras ;
- Boute hors[21] : friandises épicées.

Les vins, bières, hydromel ou hypocras sont versés par les serviteurs tout au long du repas, et ce, dès qu'une coupe se vide. Les gens ne se servent donc pas eux-mêmes. La coutume de porter un toast mérite d'être soulignée ici. Le « toast », du latin populaire *tostare*, qui veut dire « griller », consiste en une tranche de pain grillé que le maître de la demeure dépose au fond d'une coupe et sur laquelle il verse du vin. Une fois que ce le maître a prodigué ses vœux, cette coupe passe de main en main et chacun y goûte jusqu'à ce qu'elle arrive, le cas échéant, au membre de l'assemblée en l'honneur duquel le toast a été porté. Celui-ci doit alors terminer de boire le contenu de la coupe et consommer la tranche de pain imbibée du vin partagé[22].

Les aliments

Encore une fois, il importe de départager le banquet paysan du banquet noble. Si, dans le premier, on mange pour vivre, dans le second, on vit pour manger. N'oublions pas qu'une table qui regorge de victuailles est un gage de prospérité et de pouvoir. Au menu du premier, on trouve beaucoup de légumes mais peu de viande, du pain en abondance mais peu de pâtisseries fines, des assaisonnements d'herbes mais peu d'épices, de l'eau et un peu d'hydromel. Au menu du second, on trouve peu de légumes, car ils sont réputés vils ; ne naissent-ils pas sous ou sur la terre ? La noblesse privilégie, au contraire, les fruits qui poussent entre ciel et terre ; ce sont des aliments nettement mieux « élevés » ! Sur la table des plus fortunés, on trouve des viandes à foison : du petit et du gros gibier, et surtout des volailles (revêtues, souvent, de leur plumage originel). Leur chair est supérieure parce qu'elle provient de bêtes qui volent dans le ciel... Le pain constitue le support physique (assiette) des mets ; il est donc sans grand intérêt. On va même jusqu'à le dédaigner et s'en départir à la fin du repas au profit des mendiants indigents... Pour terminer, les pâtisseries sucrées faites de farine de froment sont consommées avec gourmandise et arrosées généreusement du meilleur des vins. Le vin, toujours coupé avec de l'eau, est préalablement goûté par l'échanson qui s'assure, ce faisant, que la boisson n'est pas empoisonnée. Dans le cas où le doute est trop fort, plutôt que de sacrifier un bon officier de bouche, on préfère mettre le liquide en contact avec une corne de licorne[23] (animal pur entre tous !), laquelle a la propriété de faire bouillonner toute boisson envenimée.

Hiérarchie des aliments

Pour les gens du Moyen Âge, toutes les nourritures n'ont pas la même valeur morale. Il existe une hiérarchie sophistiquée où la place de l'aliment détermine sa qualité :

- les oiseaux qui se meuvent dans l'air, le plus élevé des quatre éléments ;
- les fruits qui poussent dans les arbres ;
- les bêtes qui se meuvent sur la terre ;
- les bêtes qui se meuvent sous l'eau ;
- les légumes qui poussent sur une tige hors de la terre ;
- les légumes qui poussent sur la terre ;
- les légumes-racines qui poussent sous terre.

Aliments et croyances populaires

« Manger une fois est vie d'ange,
et manger deux fois le jour est vie humaine,
et trois ou quatre ou plusieurs est vie de bête
et non pas de créature humaine[24]. »

Tout d'abord, il faut dire qu'il n'y a véritablement que deux repas par jour au Moyen Âge et qu'à partir de l'implantation du christianisme, les fidèles doivent en plus « faire maigre[25] » une journée sur trois. Lorsqu'on sait qu'à l'époque, les minces réserves de denrées alimentaires durent bien peu de temps chez les paysans, on comprend mieux la nécessité pour ces derniers de se limiter à deux repas quotidiens…

Par ailleurs, chez les mieux nantis, l'alimentation est une branche de la médecine que l'on n'appelle pas encore «diététique», mais qui n'en partage pas moins les objectifs : l'étude «scientifique» des correspondances entre aliments et maladies. Pour le médecin du Moyen Âge, s'inspirant du grand médecin grec Hippocrate, les humains se divisent en quatre groupes selon les «humeurs[26]» qui les caractérisent. Dans ces groupes, on trouve :

- les sanguins : le sang chaud et humide domine chez eux. Ils sont généralement dodus et ont le visage rouge. Poussés à bout, ils peuvent être violents. Leur tempérament est «bouillant»;
- les colériques : ici, la bile, chaude et sèche, prévaut. Ce sont des passionnés dont les sens s'échauffent rapidement. Ils sont impulsifs;
- les mélancoliques : la bile noire, froide et sèche, est plus présente. Ils sont régulièrement tristes et soucieux; ce sont des tendres;
- les flegmatiques : la production de flegme, froid et humide, est significative. On dit d'eux qu'ils ont du sang-froid. D'humeur égale, ils sont posés, plutôt lents et taciturnes.

Comme pour les humains, les aliments se divisent en quatre groupes : chauds, froids, secs et humides. La théorie qui rallie le plus de défenseurs est celle voulant que les maladies soient causées par des déséquilibres entre les humeurs. Selon cette théorie, la consommation massive d'aliments aux vertus contraires est la clé de toute guérison. Par exemple, un enfant fiévreux doit consommer beaucoup d'aliments froids tels la laitue, le concombre et le poisson frais, mais lorsqu'un individu est en bonne santé, il doit privilégier les aliments qui présentent les mêmes caractéristiques que son tempérament, de manière à ne pas déséquilibrer ses humeurs. Dans les hôpitaux de l'époque, il est souvent difficile de déterminer l'humeur naturellement dominante des patients. Les médecins leur prescrivent donc des aliments doux et susceptibles, selon eux, de restaurer les corps malades. Parmi ces aliments, le bouillon de poulet dont l'efficacité n'est plus à prouver ! Quoi qu'il en soit, les nombreux traités consacrés aux diètes-remèdes dont on dispose au Moyen Âge peuvent parfois faire sourire, mais ils ont au moins le mérite d'avoir ouvert la voie à la diététique moderne.

Il est intéressant de noter qu'à l'époque où la peste fait des ravages partout en Europe, les médecins croient que les épices favorisent l'échauffement des humeurs et stimulent la prolifération de la maladie. En guise de panacée, ils prescrivent le vinaigre comme condiment, mais aussi comme gargarisme et ablution.

Les pains

Le pain de seigle a un goût très prononcé et une couleur foncée. Le pain de froment est blanc et dégage une douce odeur. Le pain à grains multiples, à l'aspect un peu grossier, donne du cachet et est très nutritif.

Les légumes

Les légumes sont réservés aux paysans, car on les considère comme vils[27]. Pourquoi? Parce qu'ils poussent dans la terre ou à partir d'elle.

Les fruits et les noix

Les fruits conviennent parfaitement aux tables nobles. Les fruits séchés ou confits ainsi que les noix occupent une place de choix sur les tables des banquets. Ils font un peu office de croustilles et de bonbons… Ce sont des denrées nobles puisqu'ils poussent dans les arbres, donc… près du ciel !

Les viandes

Toutes les viandes ont leur place dans un banquet. Nous vous recommandons la venaison pour l'exotisme, mais les viandes vendues en épicerie peuvent très bien faire l'affaire. Si vous optez pour ce dernier type de viandes, amusez-vous à donner à vos recettes des noms fantastiques évoquant des bêtes mythiques tels que «Potage de la Chimère», «Rôt de licorne», «Tourte de phénix», «Langue de dragon», etc.

Pensez à bien rehausser leur saveur grâce aux épices, à l'ail et à l'oignon. Une chose est certaine : les viandes doivent occuper la place de choix de votre festin.

Les épices

Pour nos ancêtres chevaliers, les épices proviennent directement du ciel. Elles sont entraînées par les grands vents jusqu'au Paradis terrestre où elles tombent, quelque part du côté d'Éden. Il n'est pas étonnant qu'elles fassent l'objet d'un si grand engouement. Leurs propriétés sont innombrables : en plus de leur usage culinaire, elles font l'objet de concoctions médicinales et ont des vertus « magiques ».

Les courtoisies

En tout temps, il convient d'adopter une attitude courtoise qui fait honneur à la digne personne que vous êtes. Cela se traduit par le respect des bonnes manières dont voici les éléments essentiels :

- soyez attentif et silencieux lorsque le héraut d'armes présente les participants, procède à des annonces publiques ou explique les marches à suivre ;
- adressez-vous aux personnages en utilisant les formules d'usage ou en les appelant « Ma Dame » ou « Mon Seigneur » ;
- prenez la peine de vous présenter (c'est-à-dire, présentez votre personnage en le nommant et en mentionnant son métier et/ou sa fonction sociale) avant de vous joindre à une conversation déjà entamée ;
- si votre costume comprend une arme comme accessoire, demandez à votre hôte s'il préfère que vous la laissiez au vestiaire ou s'il ne voit aucun inconvénient à ce que vous la portiez durant le banquet ;
- si votre costume comprend une arme comme accessoire et que vous souhaitez la faire admirer par un pair, il convient que vous avertissiez les convives qui vous entourent de l'imminence d'un danger en disant : « Attention ! » Ce n'est qu'après avoir fait cela que vous pourrez retirer vote épée du fourreau ;

- ne brandissez jamais une arme de manière offensive;
- un homme galant doit ouvrir la porte à une dame sauf si tous deux entrent dans un endroit public. Il doit alors passer devant elle afin de s'assurer que l'endroit ne comporte aucun danger;
- dans un escalier, l'homme doit toujours précéder la dame : en montant, pour ne pas lui donner l'impression d'admirer son « popotin », et en descendant, afin de pouvoir la secourir en cas de chute;
- un gentilhomme loue sobrement la dame sur son élégance et sa tenue vestimentaire en des termes semblables à ceux-ci : « Vous êtes ravissante ce soir »; « Cette teinte vous sied à merveille ! », etc.;
- la dame répond sobrement à un compliment en souriant avec pudeur;
- en arrivant dans un lieu, l'homme galant aide la dame qui l'accompagne à retirer son manteau. Puis, au moment de partir, il l'aide à remettre son manteau;
- lorsqu'il partage son tranchoir avec une dame, un gentilhomme lui présente les plats en premier et lui sert à boire durant le repas;
- par respect pour le contexte « historique » du banquet, évitez les anachronismes (montres, appareils photo, espadrilles, cigarettes, etc.);

L'art du baisemain

Né à une époque où le respect des hiérarchies est à son zénith, le baisemain est un geste symbolique qui signifie respect, dévouement, admiration et courtoisie. Il peut même avoir lieu entre deux hommes pourvu que celui qui l'exécute occupe un échelon social inférieur à celui qui le reçoit. C'est avant tout un geste de soumission qui témoigne de la pureté des intentions de celui qui le donne. Les nobles chevaliers ne le réservent pas qu'à leur suzeraine; ils en usent plutôt en manière de salut respectueux envers toute pucelle, gente damoiselle et noble dame[28]. Le baisemain provoque toujours un effet positif sur la personne qui le reçoit. Pour une femme, ce baiser pudique a une grande valeur romantique. Avis aux chevaliers amoureux...

Voici comment exécuter un baisemain dans les règles de l'art :

- Le galant se tient face à la dame et plie le genou droit jusqu'à terre[29]. De la main droite, il saisit doucement la main de sa dame, puis incline la tête avec respect. Enfin, il porte la main à ses lèvres de manière à la frôler, uniquement, puis l'embrasse chastement.

La révérence

La révérence est un mouvement qui est exécuté au début des danses par les dames. On l'exécute ainsi :
- on place le pied droit derrière le pied gauche ;
- on fléchit légèrement les genoux ;
- les bras demeurent immobiles le long du corps.

La danse

« […] les dances sont practiquées pour cognoistre si les amoureux sont sains & dispos de leurs membres, à la fin desquelles il leur est permis de baiser leurs maistresses, affin que respectivement ils puissent sentir et odorer l'un l'aultre, silz ont l'alaine souesve, et silz sentent une senteur malodorant, que l'on nomme l'espaule de mouton : de façon que de cêt endroict oultre plusieurs commoditez qui reüsissent de la dance, elle se treuve necessaire pour bien ordonner une societé[30]. »

Chaque danse débute toujours par une révérence. Dans un banquet, l'on entame généralement la soirée par une pavane, c'est-à-dire une danse de couples, noble, très lente, qui évoque une procession et dont le but est d'exposer les atours des danseurs à toute l'assemblée. Les autres danses sont les suivantes[31], mais aucun ordre particulier ne les caractérise :

- pavane ;
- gaillarde : danse de couple, de rythmique ternaire ;
- basse-danse[32] : danse lente et noble, à pas glissés ;
- bransle[33] : danse qui débute toujours par le pied gauche et finit toujours par le pied droit. C'est une danse qui donne l'impression que les danseurs «branlent» ;
- tourdion[34] : danse de couple, rapide, de rythmique ternaire ;
- saltarelle[35] : danse de rythmique ternaire ;
- farandole[36] : chaîne ouverte de danseurs qui évoluent suivant un trajet aléatoire ;

- carolle : danse chantée (chaîne ouverte ou fermée) par les femmes qui mènent le bal ;
- ronde : danse de groupe (formée d'une chaîne fermée).

La chanson

L'homme médiéval est féru de chants. Accessible à tous, le chant scande divers moments de la vie quotidienne. On l'associe généralement aux troubadours et aux trouvères[37], lesquels moussent la *fin'amor*. Parmi le répertoire de l'époque, transmis de bouche à oreille, on compte bon nombre de styles lyriques, mais celui qui fait certainement l'unanimité – chez les gens du peuple, tout au moins – est le chant qui invite à boire. Voici une liste des principaux types de chansons du Moyen Âge :

- aubade ;
- ballade ;
- canso ;
- carolle ;
- chanson à boire[38] ;
- chanson de croisade ;
- chanson de toile ;
- jeu-parti ;
- lai ;
- pastourelle ;
- sérénade ;
- sirventès ;
- senso ;
- etc.

Chansons à boire

Boire un p'tit coup

Boire un petit coup c'est agréable
Boire un petit coup c'est doux
Mais il ne faut pas rouler dessous la table
Boire un petit coup c'est agréable
Boire un petit coup c'est doux

Allons dans les bois ma mignonnette
Allons dans les bois du roi !
Nous y cueillerons la fraîche violette
Allons dans les bois ma mignonnette
Allons dans les bois du roi !

Non Firmin, tu n'auras pas ma rose
Non Firmin, tu n'l'auras pas
Car Monsieur le curé a défendu la chose
Non Firmin, tu n'auras pas ma rose
Non Firmin, tu n'l'auras pas

J'aime le jambon et la saucisse
J'aime le jambon c'est bon !
Mais j'aime encore mieux le lait de ma nourrice
J'aime le jambon et la saucisse
J'aime le jambon c'est bon !

Buvons un coup

Buvons un coup ma serpette est perdue
Mais le manche, mais le manche
Buvons un coup ma serpette est perdue
Mais le manche est revenu

Bavazaka ma sarpataparda
Ma la macha, ma la macha
Bavazaka ma sarpataparda
Ma la macha ravana

Bevezeke me serpete...
Biviziki mi sirpiti pirdi... etc.

C'est à boire

Refrain

C'est à boire, boire, boire,
C'est à boire qu'il nous faut, Oh! Oh! Oh! Oh!

C'était cinq à six bons bougres
qui venaient de Longjumeau (bis)

Ils entrèrent dans une auberge pour y boire du vin nouveau
Ils entrèrent dans une auberge pour y boire du vin nouveau (bis)
Chacun fouilla dans sa poche quand il fallut payer l'pot, Oh!

Chacun fouilla dans sa poche quand il fallut payer l'pot (bis)
Le plus riche retourne la sienne et n'y trouve qu'un écu faux, Oh!

Le plus riche retourne la sienne et n'y trouve qu'un écu faux (bis)
Oh! Nom de nom, dit la patronne,
qu'on leur prenne leurs chapeaux, Oh!

Oh! Nom de nom, dit la patronne,
qu'on leur prenne leurs chapeaux (bis)
Sacrebleu, fait la servante, leurs culottes, leurs godillots, Oh!

Sacrebleu, fait la servante, leurs culottes, leurs godillots (bis)
Et quand ils furent en chemise,
ils montèrent sur des tonneaux, Oh!

Et quand ils furent en chemise,
ils montèrent sur des tonneaux (bis)
Nom de nom, dit la patronne, qu'ils sont noirs,
mais qu'ils sont beaux, Oh !

Nom de nom, dit la patronne, qu'ils sont noirs,
mais qu'ils sont beaux (bis)
Sacrebleu, fait la servante, tous les six il me les faut, Oh !

Sacrebleu, fait la servante, tous les six il me les faut (bis)
Et tous les six y passèrent,
du plus p'tit jusqu'au plus gros, Oh !

Et tous les six y passèrent, du plus p'tit jusqu'au plus gros (bis)
Nom de nom, dit la patronne,
qu'on leur rende leurs chapeaux, Oh !

Nom de nom, dit la patronne,
qu'on leur rende leurs chapeaux (bis)
Sacrebleu, fait la servante, leurs culottes, leurs godillots, Oh !

Sacrebleu, fait la servante, leurs culottes, leurs godillots (bis)
Car ici les beaux gars boivent et ne paient pas leur écot, Oh !

Chevaliers de la Table Ronde

Chevaliers de la Table Ronde
Goûtons voir si le vin est bon
Chevaliers de la Table Ronde
Allons voir si le vin est bon

Allons voir, oui, oui, oui
Allons voir, non, non, non
Allons voir si le vin est bon.

S'il est bon, s'il est agréable
J'en boirai jusqu'à mon plaisir

J'en boirai cinq à six bouteilles
Et encore ce n'est pas beaucoup

Si je meurs, je veux qu'on m'enterre
Dans une cave où il y a du bon vin

Les deux pieds contre la muraille
Et la tête sous le robinet

Et les quatre plus grands ivrognes
Porteront les quat' coins du drap

Pour donner le discours d'usage
On prendra le bistrot du coin

Et si le tonneau se débouche
J'en boirai jusqu'à mon plaisir

Et s'il en reste quelques gouttes
Ce sera pour nous rafraîchir

Sur ma tombe je veux qu'on inscrive
Ici gît le Roi des buveurs.

Il est des nôtres

Poivrot [untel]
C'est moi, c'est moi
Prends bien ton verre
Et surtout
Ne le renverse pas

Et porte le
Du frontibus
Au nasibus
Au mentibus
Au pedibus
Au dosibus
Au coudibus
Au fessibus
Au ventribus
Au goulibus !
Glou glou ! Glou glou ! (...) Glou glou !

Refrain

Il est des nôtres
Il a bu son verre comme les autres
C'est un ivrogne
Ça se voit rien qu'à sa trogne.

Le jeu

Outre les joutes et tournois réservés à la caste nobiliaire des chevaliers, les jeux privilégiés au Moyen Âge sont les jeux de hasard (dés, cartes), les jeux divinatoires (tarot, runes, pendule, etc.), les jeux de plateaux (échecs, trictrac ou *backgammon*, jacquet mérelles, le renard et les oies, etc.) et les jeux d'adresse (moine ou toupie, échasses, bilboquet, fléchettes, quilles, etc.). On les pratique généralement à l'extérieur le jour et à l'intérieur à la nuit tombante. Les jeux constituent un moment important du banquet alors que la fatigue commence à se faire sentir chez les danseurs. Vous en trouverez plusieurs exemples au fil des pages.

Dringuet 81
Le jeu de mérelles 85
Jeu de choule (ou soule) 117
La pomme magique d'Avalon 147
La pomme divinatoire 148
Les noix prophétiques 148
Le corps dépecé de Hal O'Ween 157

Contes et farces

« La seule différence entre un fou rire et un rire fou, c'est la camisole ! »
– Pierre Doris

Un chevalier et sa dame étaient en pèlerinage à Jérusalem. Au cours de ce séjour, la femme passa de vie à trépas. Le croque-mort s'adressa au mari en ces termes : Vous pouvez faire transférer le corps de votre épouse chez vous pour 5 000 écus d'or ou bien l'enterrer ici, en Terre Sainte, pour la modique somme de 150 écus d'or. L'homme réfléchit et lui répondit qu'il préférait faire transférer le corps chez lui. Le croque-mort lui demanda : Pourquoi dépensez-vous 5 000 écus pour faire transférer le corps de votre femme, alors que ce serait merveilleux de l'enterrer ici, en Terre Sainte, pour seulement 150 écus ? L'homme répondit, sans la moindre hésitation : "Il y a longtemps, un homme est mort ici, a été enterré ici et, trois jours plus tard, il est ressuscité. Je ne veux pas prendre de risque…"

Un couple d'elfes se balade dans la campagne. À la suite d'une discussion acerbe, ils ne se parlent plus. Passant devant une ferme où l'on voit des ânes et des cochons, le mari brise le silence et, s'adressant à sa douce, lui lance :
— Tiens, de la famille à toi !
Son épouse répond, du tac au tac :
— Oui, mais… par alliance !

Une fée et son conjoint sont confortablement installés dans une petite auberge champêtre pour un souper en tête-à-tête. Depuis un bon moment, le mâle fixe une femelle saoule assise seule à la table voisine et qui fait tourner sa boisson dans son verre. Son épouse lui demande :
— Tu la connais ?
— Oui, c'est mon ex. Elle s'est mise à boire lors de notre séparation, il y a sept ans, et on m'a dit qu'elle n'a jamais été sobre depuis.
— Mon Dieu, répond la fée, je n'aurais jamais pensé qu'une femme puisse fêter quelque chose aussi longtemps…

Une dame noble, s'adressant à son seigneur :
— Comme c'est étrange, un homme de votre stature avec de si petits pieds…
L'homme s'empresse de lui répondre :
— C'est chose vraie, ma mie. Ma mère me faisait porter des chaussures trop petites pour moi, c'est ainsi qu'aujourd'hui j'ai de si petits pieds.
Alors, sa dame de lui répondre :
— En vérité, mon seigneur, elle aurait dû vous faire porter des langes plus grands !

Un gnome rentre à la maison après une journée de travail et s'installe confortablement dans son fauteuil, allume sa « boîte à images » et crie à sa femme :
— Vite, apporte-moi une bière avant que ça ne commence !
Elle le regarde, étonnée, mais lui sert tout de même sa bière. Dès qu'il l'a terminée, il crie de nouveau :
— Vite, apporte-moi une autre bière… Ça va commencer.
Cette fois, elle le regarde, agacée, mais lui sert tout de même sa boisson. Lorsqu'il a terminé sa seconde bière, il crie encore :
— Vite, une autre bière, avant que ça ne commence !
— Ça suffit ! s'énerve-t-elle. Tu n'es qu'un sale bâtard ! Tu rentres à la maison, tu t'assois dans ton fauteuil, tu ne me dis même pas bonjour, et moi, je suis là comme ton esclave. Est-ce que tu réalises que je fais la cuisine, le ménage et que je travaille toute la journée ?
Le gnome lui répond calmement :
— Ça y est, ça commence…

Un homme-fée se trouve dans une grande surface. Il semble perdu. Il est tellement préoccupé qu'il entre en collision avec un autre homme-fée qui présente un comportement similaire.

Le premier dit :

— Excusez-moi, j'ai la tête ailleurs. C'est que je cherche ma femme.

Le second répond :

— Eh bien, moi aussi je cherche ma femme !

— De quoi a-t-elle l'air ? demande le premier.

— Elle s'appelle Emmanuelle, répond le second. C'est une jolie blonde aux yeux bleus. Elle mesure cinq pieds et 10 pouces, elle a les cheveux longs et elle porte une jupette au ras des fesses, une blouse blanche transparente et un soutien-gorge noir en dentelle bien garni. Elle a toujours un sourire des plus charmeurs... Et la vôtre, de quoi elle a l'air ?

— Oubliez la mienne, on cherche la vôtre...

Quatre seigneurs se présentent au départ sur un terrain de croquet. Trois sont d'un certain âge, le quatrième est plus jeune. Le benjamin demande à ses partenaires d'un jour comment il doit les appeler. Le premier dit :

— Je suis curé de ma paroisse, tu pourras dire : « Monsieur le curé ».

Le deuxième dit :

— Moi, je suis évêque, alors tu diras : « Monseigneur ».

Le troisième ajoute :

— Moi, je suis cardinal et on m'appelle généralement « Son Excellence ».

— Et toi, le jeune, comment t'appelle-t-on ?

— Eh bien, moi, je suis effeuilleur professionnel et quand les femmes me voient, elles disent, en mettant leur main sur leur bouche : "Oh, mon Dieu !"

Quand tu fais de la chute libre, tant que tu vois les vaches comme des fourmis, il n'y a pas de danger.

Quand tu commences à voir les vaches comme des vaches, il est temps d'ouvrir ton parachute…

Et quand tu vois les fourmis comme des vaches… il est trop tard !

Au royaume de Rubis, un jongleur professionnel vient de se faire arrêter par un agent de la paix alors qu'il conduisait sa charrette. L'agent lui demande :

– Qu'est-ce que c'est que tous ces couteaux dans votre voiture ?

– C'est que je suis jongleur à la cour et ils me servent pour mon numéro.

Et l'agent, incrédule, de répondre :

– Ah oui ? J'aimerais bien voir ça !

Alors le jongleur sort quelques couteaux et se met à les lancer en l'air et à jongler. Un autre conducteur de charrette passant à ce moment-là voit le spectacle et dit à sa femme :

– Je suis bien content d'avoir arrêté de boire : regarde les tests d'alcoolémie qu'ils obligent à faire maintenant…

Deux hommes du royaume des Ombres sont en pleine conversation. L'un questionne l'autre :

– Comment fais-tu pour être aussi maigre ?

– Lorsque je ne trouve rien d'appétissant dans le garde-manger, je file au lit. Et toi, comment fais-tu pour être aussi gras ?

– C'est simple, quand il n'y a rien d'appétissant dans le lit, je file au garde-manger.

Histoires fantastiques

Dans un registre un tantinet plus sérieux, les plus jeunes aimeront peut-être s'attrouper autour du maître-magicien et écouter religieusement l'aïeul leur conter mille merveilles ! Voici quelques histoires charmantes qui les aideront à s'endormir.

Le chat botté[39]

Il était une fois un pauvre meunier veuf qui avait trois fils. Lorsque vint, pour lui, le temps de quitter ce monde, il s'adressa tendrement à ces derniers en ces termes : « À toi, Pierre, mon aîné, je laisse en héritage mon moulin. Tu pourras, grâce à celui-ci, poursuivre l'œuvre paternelle. À toi, Jean, mon puîné, je cède mon âne. C'est une bonne bête. Si tu la mènes à la foire, on t'en donnera un bon prix. À toi, Jacques, mon benjamin, je laisse le chat. C'est un bien maigre héritage, mais c'est un compagnon fidèle et un habile chasseur. Grâce à lui, tu n'auras jamais à craindre la vermine. » Sur ces mots, le père rendit son dernier soupir. Les fils furent chagrinés de la mort de leur père, particulièrement le plus jeune puisqu'il se retrouva sans le sou avec, en plus, la charge d'un chat miteux. C'était grande honte que de l'entendre gémir et se plaindre de sa triste condition. Alors qu'il était seul avec son « matou », il eut la surprise de l'entendre lui adresser la parole comme s'il se fut agi d'un véritable humain. « Maître, lui dit-il, ne soyez plus accablé. Fournissez-moi une paire de bottes, un chapeau ainsi qu'un grand sac de toile et je ferai de vous l'homme le plus envié de ce royaume. » Incrédule et envoûté, Jacques dénicha les trois accessoires demandés par le chat. Après avoir reçu ce qu'il avait demandé, le chat botté quitta aussitôt son maître et se dirigea vers la forêt. Là, il se tapit dans les herbes hautes et attendit patiemment et sans bouger qu'un lièvre vienne imprudemment s'aventurer de son côté. Sitôt le lièvre arrivé à portée de patte, le chat botté se précipita sur lui et l'attrapa. Il enferma ensuite le lièvre dans sa gibecière et vint l'offrir au roi en s'exprimant ainsi : «Majesté, je suis venu vous offrir ce lièvre, présent de mon bon maître, le marquis de Carabas. Veuillez lui faire l'honneur de l'accepter.» Le roi, subjugué par la voix d'un chat botté qui parle, agréa le cadeau avec joie. Sur ce, le chaton prit congé du roi et retourna chasser. Cette fois, ce furent deux perdrix et un lièvre qu'il alla offrir au monarque au nom du marquis de Carabas. Le roi était de plus en plus impressionné et curieux de faire la connaissance dudit marquis. Le chat, revenu à la chaumière de Jacques, lui raconta ses exploits de chasse. Il conseilla ensuite à son maître d'aller le lendemain prendre un bain, du côté de la rivière de Cristal. C'est que le chat futé avait entendu dire que le roi, sa fille et son cortège devaient passer par le petit chemin longeant cette rivière. Jacques fit donc ce que son chat lui proposa. Sitôt entré dans l'eau, le chat botté s'empressa de cacher les haillons de son maître sous une grosse pierre dissimulée dans un bosquet. Puis il cria à pleins poumons et de toutes ses forces : «Au secours ! Au secours ! Le marquis de Carabas se noie !» En entendant ces cris désespérés, le roi fit approcher son carrosse de l'endroit d'où provenaient ces cris. Reconnaissant le chat qui lui avait régulièrement apporté du gibier, le roi ordonna à son équipage de prendre soin du «marquis», de le vêtir et de le faire monter dans son propre carrosse. Intriguée, la princesse avait sorti discrètement la tête de sa portière et son regard s'était posé sur Jacques. Elle avait été foudroyée par l'amour. Son cœur ne battait plus que pour le marquis de Carabas. Pendant ce temps, le chat botté avait battu la campagne, recommandant à chaque paysan qu'il rencontrait de dire, si jamais on les interrogeait, que les champs qu'ils entretenaient appartenaient au marquis de Carabas. «Si vous ne le dites pas, vous serez transformés en chair à pâté», leur précisait à chaque fois le chat. C'est ce qu'ils s'empressèrent de faire lorsque le roi, passant devant les champs, les interrogea. Sa Majesté n'en revenait pas de toute la puissance du marquis. Décidément, il allait de surprise en surprise ! Et ce n'était pas pour déplaire à la princesse… Au contraire ! De son côté, le chat botté n'avait pas perdu de temps. Il avait rendu visite à un ogre qui habitait un château plus fantastique encore que celui du roi. Le chat s'y introduisit et demanda à rencontrer le maître des lieux. L'ogre imposant se présenta à lui avec toute la fureur de sa mauvaise humeur. Le chat eut un moment de faiblesse, mais il rassembla ses esprits et prit sur lui de flatter l'ogre qu'on disait fort orgueilleux. « Mon seigneur, lui dit-il d'une voix mielleuse, on dit – mais c'est impossible – que vous êtes un peu magicien et que vous arrivez à vous transformer en animaux exotiques. La chose est-elle vraie ? » « On t'a bien informé, matou miteux ! », répondit l'ogre avec arrogance. « En vérité, je ne croirai une telle chose que lorsque je l'aurai constatée de mes propres yeux ! », avança le chat. Sur ce, l'ogre prit la forme d'un lion gigantesque dont le rugissement fit une telle peur au chat botté qu'il en perdit son chapeau. « Très impressionnant !, s'exclama le félin tout tremblant, mais j'imagine qu'il vous serait impossible de vous transformer en un animal de petite taille comme… une souris, peut-être ? » Aussitôt dit, aussitôt fait et… aussitôt avalé ! L'ogre à la force surhumaine n'était vraisemblablement pas une lumière. Il s'était fait duper comme un amateur ! Tant mieux pour le marquis de Carabas qui hérita, du coup, d'un château de conte de fée. Il était temps, car l'équipage royal arrivait justement dans la cour du château. Le chat sortit prestement et se porta aux devants de Sa Majesté. Il s'inclina et dit au roi : « Soyez le bienvenu en la demeure du marquis de Carabas. Ses gens sont en train de préparer un banquet auquel le marquis vous prie d'assister en compagnie de votre charmante fille. » Conquis, le couple royal accepta l'invitation de bonne grâce ! Et qu'arriva-t-il, ensuite, au marquis de Carabas et à la jolie princesse ? Comme dans toutes les histoires qui finissent bien, ils se marièrent, vécurent heureux et eurent beaucoup d'enfants… (mais pas nécessairement dans cet ordre !).

Tristan et Iseult[40]

Il y a fort longtemps, dans un lointain royaume, vivait un grand roi. Son nom était Marc de Cornouailles. Le roi Marc avait un neveu qui s'appelait Tristan parce que sa mère était morte en le mettant au monde. Son entourage, considérant ce décès comme un fort mauvais présage, avait conclu que l'enfant devrait porter le prénom de Tristan, car sa vie entière serait vouée à la tristesse. Il avait été accueilli et élevé par son oncle qui l'aimait tendrement. Tristan était le plus vaillant chevalier que la contrée ait jamais connu. Cela suscitait jalousie et envie parmi les barons. Un jour que le roi tenait conseil, un des barons prit la parole et demanda au roi d'envoyer Tristan en ambassadeur outre-mer dans le but de ramener une épouse au monarque. Il était plus que temps que le roi se marie et donne un héritier au royaume ! Le roi, apercevant par la fenêtre un rossignol qui tenait un cheveu blond en son bec, décréta qu'il épouserait la dame à qui le cheveu appartenait. C'est qu'il ne tenait pas particulièrement à prendre épouse, comblé qu'il était par la compagnie de son neveu. Tristan connaissait l'ampleur du défi, mais il accepta avec empressement la proposition des barons puisqu'il se languissait de quête chevaleresque. C'est donc en possession du précieux cheveu qu'il quitta son pays pour des territoires inconnus. Après des mois de voyages et d'aventures, Tristan se trouva en une contrée terrorisée par un *morholt*, espèce de géant anthropophage qui, tous les sept ans, réclamait le sacrifice de quinze jeunes hommes et femmes en échange de la paix. Preux chevalier dévoué au service des plus faibles, Tristan se proposa pour combattre le *morholt*. Ce qu'il réussit de justesse. Malheureusement, le *morholt*, avant d'avoir le crâne transpercé par l'épée, avait eu le temps de blesser le jeune homme avec son épée empoisonnée. Blessé à mort, Tristan regagna péniblement son navire, s'allongea sur le pont et perdit connaissance. Son bateau dériva pendant plusieurs jours jusqu'à ce qu'il accostât sur les rives d'un pays éloigné. La princesse Iseult la Blonde, qui se promenait sur le rivage, aperçut le bateau et s'approcha. Elle vit le corps de Tristan, gisant à demi-mort sur le pont, et décida de le faire porter jusqu'à ses appartements où elle le soigna, car elle connaissait la science des herbes magiques. Lorsqu'il fut complètement rétabli, Tristan observa que le cheveu qu'il avait toujours gardé sur lui appartenait à Iseult. Il l'informa donc de la mission dont il avait été investi par le roi Marc de Cornouailles. Celle-ci fut séduite par l'idée d'épouser un roi qui l'avait choisie, elle, sans en connaître autre chose que la couleur des cheveux. Elle accepta de suivre Tristan sans aucune hésitation. En attendant le jour du départ, la reine-mère avait préparé un philtre d'amour destiné à être bu par Marc et Iseult lors de leur première nuit de noces. Elle le mit dans une jolie fiole colorée, parmi les denrées réservées à la traversée en mer. Vint le jour du départ. Iseult et sa suivante, Brangien, quittèrent leur pays pour aller à la rencontre du roi Marc. Toutes deux étaient fébriles et curieuses de connaître de nouvelles personnes, de nouvelles coutumes, de nouveaux lieux. Un jour, durant le voyage, alors que Tristan et Iseult cherchaient à tuer leur ennui en jouant aux échecs, Brangien leur servit – par erreur – le philtre d'amour pour les désaltérer, car il régnait sur le bateau une chaleur écrasante. Sitôt la potion avalée, les regards de Tristan et d'Iseult ne purent se détacher l'un de l'autre. Leurs cœurs battaient à l'unisson. L'un devançait les phrases de l'autre, devinant à l'avance leurs pensées respectives. Bref, ils étaient éperdument amoureux, au grand dam de Brangien qui mesura soudain toute la gravité de son geste malencontreux. Enfin arrivés au royaume de Cornouailles, Brangien et Iseult firent la connaissance du roi Marc. Il tomba *illico* sous le charme d'Iseult la Blonde, mais celle-ci sembla distante. Le roi attribua cette attitude à la timidité de sa future épouse… Mais les noces passées, la reine Iseult continua de ne témoigner qu'un amour tiède à son époux tout en brûlant pour Tristan. Tous deux cherchèrent à se voir en cachette. Toute occasion était prétexte au frôlement des mains, aux regards fiévreux, aux subtiles intonations de voix, aux petits gestes entendus… Et, plus le temps passait, moins les amoureux étaient discrets. Ils oubliaient que les barons, jaloux, guettaient le moment où ils pourraient discréditer Tristan aux yeux de Marc pour être une bonne fois pour toutes débarrassés de sa présence. C'est ainsi qu'ils commencèrent à murmurer, à voix haute, leurs soupçons quant à la liaison de Tristan et d'Iseult. Le roi qui, au départ, avait refusé de prêter foi aux ragots des courtisans, finit par se laisser gagner par la suspicion et l'amertume, puis, après maintes aventures, déclara Tristan coupable de haute trahison et le condamna à mourir sur le bûcher. Mais Tristan, en habile chevalier, réussit à prendre la fuite et partit en exil, laissant Iseult à son époux légitime. Les années passèrent. Tristan et Iseult étaient ravagés par l'absence de l'autre. Pour tromper son angoisse, Tristan prit pour épouse une dénommée Iseult aux Blanches Mains. Rien en cette femme n'attirait Tristan, si ce n'était son nom qui lui rappelait celui de sa flamme. Iseult aux Blanches Mains aurait aimé que Tristan fût épris d'elle, mais tel ne fut jamais le cas. Un jour que Tristan était parti à la chasse au dragon, la langue envenimée de celui-ci piqua le jeune homme qui s'en trouva empoisonné. De retour chez lui et sentant sa dernière heure proche, il pressa son fidèle compagnon – le frère d'Iseult aux Blanches Mains – d'aller quérir Iseult la Blonde afin qu'elle le guérisse de tous ses maux. Il lui recommanda, avant de partir, de hisser une voile blanche si Iseult se trouvait à bord du navire à son retour ou une voile noire si elle avait refusé de venir le soigner. Malheureusement pour les amoureux, Iseult aux Blanches Mains surprit cette conversation et, dans un accès de folle jalousie, projeta d'annoncer à Tristan, quelle que fût l'issue du voyage de son frère, que la couleur de la voile hissée serait noire. C'est ainsi qu'après plusieurs semaines de souffrance et de langueur, au seuil de la mort, Tristan demanda des nouvelles du navire. Oui, celui-ci était bien de retour, mais, chose curieuse, il arborait une voile noire. Qu'est-ce que cela pouvait bien vouloir dire ? La vérité était qu'Iseult la Blonde n'avait pas hésité à reprendre la mer pour voler au secours de son amant, que la voile était bien blanche, mais que la perfide Iseult aux Blanches Mains avait assouvi sa soif de vengeance en exerçant, sur Tristan, le pouvoir du poison. En entendant ces funestes paroles, Tristan perdit connaissance et rendit son dernier soupir avant même d'avoir pu revoir son amour. Quant à Iseult la Blonde, arrivée enfin au chevet de Tristan, constatant que la vie l'avait quitté, elle mourut de chagrin sur-le-champ. Avisé par Iseult aux Blanches Mains, le roi Marc fit rapatrier le corps des deux seules personnes qu'il avait jamais vraiment aimées et les fit enterrer côte à côte. Une merveille se produisit aussitôt : des tombes de Tristan et Iseult sortirent des tiges de lierre qui vinrent s'entrelacer. Blessé, Marc fit couper le lierre qui repoussa de plus belle. Impatient, il le fit arracher, mais constata, impuissant, qu'à l'image de l'amour qui les avait consumés, malgré les embûches, le lierre repoussait, toujours plus fort. Il s'agenouilla donc et pria les deux amants de lui pardonner, par-delà la tombe, l'égoïsme et l'aveuglement dont il avait fait preuve et qui étaient à l'origine du drame dont ils avaient été les principaux acteurs...

N'hésitez pas à vous improviser conteur ! Chacun a en mémoire moult contes et légendes qui remontent à sa propre enfance et susceptibles d'être contés aux petits comme aux grands. Ou mieux ! Utilisez les personnages présents à votre banquet et faites-les intervenir dans une histoire abracadabrante où ils seront les principaux intervenants, sages ou troubadours, mages ou immortels, humains ou demi-dieux, gentils petits hommes verts ou gros méchants corbeaux. Référez-vous aux qualités et aux défauts de ces personnages ainsi qu'à leurs accessoires «intimes», et allez-y gaiement ! Créez... Si le cœur vous en dit, un peu plus tard, vous pourrez coucher sur papier ces belles histoires engendrées par «la folle du logis» et, bien plus tard, en les relisant, vous vous souviendrez avec fierté et bonheur de ces excellents moments passés à votre banquet.

Des saisons et des fêtes

L'hiver

« Ah ! Que l'hiver tarde à passer[41]… »

Ces paroles célèbres pourraient aisément scander une mélancolique mélodie médiévale tant cette réalité est préoccupante pour les paysans d'autrefois. Si, chez les nobles, les vivres fournies par les serfs ne viennent pratiquement jamais à manquer, la température demeure froide et humide dans les châteaux de pierre. Pour les moins nantis, l'hiver est une saison où les privations sont monnaie courante. Il faut en effet prévoir de la nourriture en quantité suffisante tandis que la terre repose sous sa couverture de frimas. Et les greniers ne sont pas tous remplis… Les seigneurs ont déjà ravi à leurs serfs la plus grosse part du butin. Chez les paysans, on a sacrifié le cochon à l'automne et le lard se fait de plus en plus rare. La nature est endormie et plusieurs doutent qu'elle sorte un jour du sommeil dans lequel elle est plongée. Cela explique tous les rites entourant la lumière durant la saison hivernale. Dans un tel contexte, célébrer la lumière, c'est rendre hommage à la toute-puissance solaire ; c'est s'attirer ses bonnes grâces et la convaincre de revenir darder, de ses rayons bienfaiteurs, les sillons des labours[42]. Si l'hiver est une saison d'introspection spirituelle pour certains, c'est également une saison de rassemblement.

yule

(du scandinave *Yol*, festivités) ou **Alban Arthuan**[43]

21 décembre

« Manteau de neige dans les prés, manteau de foin prochain été. »

Yule est une fête païenne qui célèbre le solstice d'hiver, jour de l'année où le soleil éclaire le moins longtemps. Chez les adeptes de cette célébration, c'est le temps magique où la déesse-mère donne naissance au roi Soleil qui génère toute vie. Puis, le temps d'ensoleillement augmente parce que l'enfant Soleil grandit de jour en jour. Les peuples scandinaves et celtes voient ce cycle de la nature comme une roue qui tourne sans fin.

Une légende ancienne raconte que le roi du Chêne – Oak King, Green Man – (qui correspond à la partie claire de l'année) et le roi du Gui (Holly King, qui figure la partie sombre du mythe) se battaient à cette époque[44] afin de savoir lequel des deux obtiendrait les faveurs de la déesse-mère. À chaque Yule, le roi du Chêne l'emportait sur le roi du Gui. Il régnait ensuite sur Terre jusqu'à Litha (solstice d'été). Pendant ce temps, le roi du Gui se retirait dans son antre souterrain afin d'y soigner ses blessures jusqu'au prochain solstice d'été, moment de l'année où il revenait prendre sa revanche sur le roi du Chêne. C'est lui qui dominera ensuite sur le monde, et ce, jusqu'à la prochaine Yule où, toujours selon la légende, la même histoire se répète.

Les rites associés à Yule peuvent parfaitement être transposés dans un banquet. Tout d'abord, le 21 décembre, au crépuscule, le maître de cérémonie va quérir une bûche de chêne provenant de sa terre ou reçue en cadeau. Il importe que celle-ci n'ait pas été achetée, car l'aspect pécuniaire de l'échange annihile sa valeur magique. Devant l'assemblée, il grave sur la bûche, avec un couteau « sacré », l'image du dieu Soleil. Il sacrifie ensuite ladite bûche en l'embrasant. Cette reproduction de la divinité solaire brûlera toute la nuit afin de réchauffer et de protéger les personnes rassemblées sous un même toit. Le feu, généré par ce rondin de chêne, symbolise la lumière bienfaitrice du jour. À la fin de la fête, le maître de cérémonie prend soin d'en recueillir les restes, lesquels serviront à allumer le feu de la prochaine Yule.

Avant d'entamer les libations, vous invitez les convives à participer à la décoration de l'arbre de Yule. Vous choisissez, de préférence, un arbre de taille moyenne, en pot (donc non coupé) et d'essence résineuse pour qu'il demeure vert, même en hiver. Ce conifère est destiné à abriter du froid les esprits de la forêt, de manière à ce qu'ils protègent habitants et futures récoltes. Chacun suspend à ses branches de petites cloches dont la fonction est de tinter lorsque les lutins les frôlent. Ajoutez-y des fruits, séchés ou frais, en guise de subsistance ainsi que des bâtons de cannelle pour leur bonne odeur. Des guirlandes maison, faites de grains de maïs soufflé alternés avec des fruits de houx sur une ficelle dorée, sont du plus bel effet. Terminez la décoration de l'arbre par l'installation, à sa cime, du pentagramme[45] qui rappelle les cinq éléments (eau, terre, air, feu et éther[46]). Complétez le rite de la décoration de l'arbre en le « baptisant » avec des jets de cidre. Suspendez du houx[47] aux fenêtres, portes et cheminées afin de vous prémunir contre l'intrusion d'esprits maléfiques.

Vous pouvez aussi suspendre un bouquet de gui, symbole de fertilité chez les Celtes, au plafond d'un endroit très passant. Cette coutume a l'avantage de favoriser les échanges « sociaux » entre participants puisque la tradition populaire commande qu'un homme et une femme qui se trouvent sous une branche de gui en même temps échangent un doux baiser. Une variante de cet usage veut que l'homme qui embrasse une dame doive également retirer une baie ou une feuille du bouquet de gui en étreignant sa compagne. Lorsque le bouquet se trouve complètement dénudé, les couples ne sont plus tenus de s'embrasser.

Comme centre de table, nous vous suggérons d'utiliser une demi-bûche de pin dans laquelle trois trous seront percés pour recevoir chacun une chandelle : verte, rouge et blanche[48]. Agrémentez cette dernière de rubans rouges ou or, puis achevez votre ouvrage en saupoudrant un peu de farine – neige artificielle – sur la bûche.

Vous voilà en possession d'un centre de table des plus symboliques : une réplique décorative de la bûche de Yule !

L'illustration d'un elfe à cheval sur une chèvre suffira à évoquer cette légende qui veut que, dans la nuit de *Yule*, un petit vieillard chevelu distribue, à dos de chèvre (cette même chèvre mystique qui transportait le dieu nordique Thor) et à travers le monde, des présents (généralement, une pièce vestimentaire neuve) contre un bol de gruau ou de riz. Donc, prévoyez, à la table, une part de nourriture pour le lutin de Yule…

Il existe une tradition intéressante qui peut facilement être intégrée à une fête de Yule. Il s'agit d'une séance de magie blanche à faire réaliser par chacun des participants. Le maître de cérémonie offre à chaque invité trois feuilles de gui séchées, une feuille[49] de papier-parchemin[50], une plume (d'oie de préférence) et un petit pot d'encre rouge. Il invite chacun à écrire, en un seul mot, une qualité qu'il aimerait acquérir au cours de la prochaine année. Chacun doit ensuite écraser les feuilles de gui entre ses mains, de manière à en tirer une poudre, la plus fine possible, avec laquelle il saupoudrera le mot écrit. En conservant toute la poudre étalée sur le parchemin, il s'agit d'en faire un petit paquet très «serré». Les convives, chacun son tour, mettent le feu à leur parchemin à partir de la flamme de la bougie rouge allumée à la bûche de Yule[51]. Le souhait, embrasé, est ensuite déposé sur la bûche sacrée afin d'y terminer sa combustion magique. Si tout est fait dans les règles de l'art, les participants posséderont la qualité souhaitée dès le lever du soleil.

Avant l'aube, festin, danses, chants et charades doivent ponctuer le passage de la nuit au jour nouveau. Des volailles, du porc, des tourtières, des fruits

séchés, des biscuits de formes diverses (demi-lune, étoile, soleil, etc.), des bonshommes de gingembre, des gâteaux arrosés de cidre et des pommes à profusion composent le gros des victuailles. Nos lointains ancêtres croyaient qu'en s'offrant une table bien garnie à la mi-hiver, période de privations, ils seraient assurés d'obtenir des récoltes aussi abondantes que les mets servis.

À la fin du banquet, après avoir bien dansé, les convives quittent en s'échangeant les vœux d'usage au début d'une nouvelle année : paix, santé, prospérité…

Coq au vin et purée de pommes de terre à l'ail rôti

Coq au vin

Ingrédients

- 1 poulet (1,5 kg)
- 100 g de lard ou de poitrine fumée
- 1 oignon
- 1 carotte
- 1 litre de vin rouge
- 20 ml de cognac
- 200 g de champignons de Paris
- 1 feuille de laurier
- 3 anis étoilés
- 2 branches de thym
- 1 cuillère à thé de coriandre en grain
- sel et poivre

Méthode

1. Découper le poulet et le laisser mariner durant 24 heures avec le vin et les épices.
2. Le lendemain, faire dorer le lard dans une casserole.
3. Retirer la viande et mettre les oignons et les carottes coupés en rondelles.
4. Retirer à nouveau.
5. Faire revenir les morceaux de poulet, flamber au cognac.
6. Remettre les oignons, les carottes et le lard.
7. Verser le vin rouge et rajouter de l'eau à niveau.
8. Laisser cuire à feu doux pendant une heure.
9. Dix minutes avant la fin de la cuisson, ajouter les champignons.

Purée

Ingrédients

- 400 g de pommes de terre
- 1 tête d'ail
- 1 cuillère à soupe de moutarde forte
- 300 ml de crème 15 %
- 30 g de beurre
- sel et poivre

Méthode

1. Cuire les pommes de terres dans de l'eau salée pendant trente minutes.
2. Faire rôtir l'ail au four à 300° F (150° C) dans un papier d'aluminium pendant une heure.
3. Passer les pommes au presse-légumes.
4. Faire chauffer la crème et le beurre et incorporer à la purée.
5. Après cuisson de l'ail, récupérer la chair et en faire une purée.
6. La mélanger avec la purée de pommes de terre, et finir avec la cuillère de moutarde forte.

Présentation

1. Servir le coq dans son jus et la purée à côté.

Tartines de pain d'épices grillées, compote de fruits secs et crème montée à l'érable

Pour 6 personnes

Pain d'épices

Ingrédients

- 250 ml de lait
- 100 g de beurre
- 500 g de miel
- 500 g de farine
- 30 g de cassonade
- 1 cuillère à thé de bicarbonate de soude
- 1 cuillère à thé de cannelle en poudre
- 1 cuillère à thé graines d'anis
- 1 pincée de cumin en poudre
- 1 pincée de gingembre en poudre
- 30 g d'amandes effilées
- 1 cuillère à soupe de fleur d'oranger
- ½ cuillère à thé de sel

Méthode

1. Préchauffer le four à 300° F (150° C).
2. Chauffer le lait et y diluer le miel hors du feu.
3. Remettre à feu doux et ajouter le beurre.
4. Dans un saladier, mélanger la farine, le bicarbonate de soude et les épices.
5. Ajouter le mélange de lait, miel et beurre en utilisant un fouet pour éviter les grumeaux.
6. Mettre dans un moule à gâteau beurré et parsemer d'amandes effilées.
7. Mettre au four une heure et quart, puis vérifier la cuisson avec un couteau ; ce dernier doit être sec.

Compote de fruits secs

Ingrédients

- 100 g de figues séchées
- 40 g d'amandes
- 50 g de pignons de pin
- 50 g de dattes séchées
- 40 g de sucre
- 1 clou de girofle
- 1 branche d'estragon
- ½ litre de vin blanc sec

Méthode

1. Rincer et égoutter les fruits secs.
2. Mettre dans une casserole tous les ingrédients, et ajouter un demi-litre d'eau.
3. Porter à ébullition pendant 30 minutes.
4. Enlever les fruits et réduire le jus de cuisson.
5. Chinoiser le jus réduit et mélanger avec les fruits.

Crème montée

Ingrédients

- 500 ml de crème 35 %
- sirop d'érable à votre goût (environ 10 ml)

Méthode

1. Monter la crème.
2. Aromatiser avec le sirop d'érable.

Présentation

1. Couper des tranches du pain d'épices froid.
2. Tartiner de la compote de fruits secs.
3. Finir avec une cuillère de crème montée à l'érable.

SAINT-SYLVESTRE[52]

(du latin *silva*, forêt)

Dans la nuit du 31 décembre au 1er janvier

« Premier de l'An beau, août chaud »
Dicton des Flandres

Avant l'expansion du christianisme, les hommes croient que cette période où les nuits sont très longues, les bois inquiétants et le climat rigoureux est propice à l'intrusion des revenants dans notre monde. L'on y court maints dangers, car la Mesnie Hellequin, une armée de squelettes faisant grand vacarme, rôde, prête à entraîner dans sa danse macabre ceux dont le destin est de trépasser. Les roulements de tonnerre et le sifflement du vent ne sont que quelques-uns des bruits infernaux qu'on attribue au passage de ce charivari[53]. Après la bûche de Noël (la bûche de Yule), un autre reliquat du feu païen offert en hommage au Soleil est à l'honneur : la bûche qui brûlera dans l'âtre jusqu'au 1er janvier. Cette bûche, qui doit avoir été taillée avant le lever du soleil, provient, de préférence, d'un arbre fruitier. Les étincelles qu'elle génère sont sujettes à interprétation magique. Nombreuses, elles présagent d'abondantes récoltes ; rares, elles n'augurent rien de bon. Si la flamme fait naître une silhouette humaine dans la pièce, c'est qu'il y aura mortalité durant l'année. Consumée, on en recueille religieusement les cendres comme talisman protégeant contre d'éventuelles maladies. Le surplus est ajouté à la terre comme fertilisant naturel et... surnaturel. Pourquoi avoir choisi saint Sylvestre comme le saint de ce jour ? Probablement – et simplement – parce que l'étymologie de «sylvestre» évoque la forêt, lieu par excellence des rituels du solstice.

Dans le cadre d'un banquet médiéval de la Saint-Sylvestre, on doit reconstituer une ambiance semblable à celle d'Halloween, avec crânes, squelettes, bougies et bruits d'orage. Les convives sont vêtus chaudement et sobrement, mais le cœur est à la fête puisque l'on célèbre la victoire prochaine de la lumière sur les ténèbres.

Vous pouvez faire brûler une bûche dans l'âtre afin de protéger les convives des esprits maléfiques. Dans l'esprit d'antan, chacun peut chercher à interpréter les étincelles mystérieuses ; cette activité constitue une transition agréable entre le repas et la danse. Nous vous suggérons d'offrir à ceux qui le désirent de rapporter chez eux quelques cendres de la célèbre bûche. Prévoyez des petits contenants pour les intéressés ; offrez-les décorés au goût de la fête ; c'est un présent apprécié qui s'accorde tout à fait avec le traditionnel échange de cadeaux de la Saint-Sylvestre.

Puis, pour achever de plonger les participants dans un univers surnaturel et magique, invitez-les à se réunir auprès du feu et racontez-leur cette fabuleuse histoire de la Mesnie Hellequin dont il est question dans le *Roman de Fauvel*, œuvre littéraire médiévale.

La chanson de geste[54] : La Mesnie Hellequin

Quelquefois, par temps sombre et orageux, lorsque le ciel est teinté de gris – presque noir – et que le vent souffle à tout rompre, l'on peut voir apparaître, dans la nuit, de petits flammes furtives – comme des étincelles – courant de-ci de-là sur les terres brumeuses. Ce sont des esprits malicieux, des âmes en peine, des fées, des combattants morts en héros sur le champ de bataille, des revenants ou tout ce que vous croyez discerner dans la pénombre. Le diable en personne les conduit dans la nuit. Leurs cris déchirants vous glacent le sang ; le tintamarre qu'ils génèrent en fracassant tout sur leur passage évoque l'apocalypse ;

le galop de leurs chevaux infernaux vous assourdit. Si vous avez déjà vécu ce genre de situation, c'est que vous vous êtes trouvé en présence de la funeste Mesnie Hellequin. On dit que cette farandole diabolique s'allonge chaque fois qu'un moribond impénitent rend l'âme, ce dernier venant joindre les rangs des damnés condamnés à errer entre ciel et terre jusqu'à la fin des temps. Selon certaines sources, leur quartier général se trouvait jadis près de la ville d'Arles, dans une région située au sud de la France et où se trouvait un célèbre cimetière : « Eliscamps[55] » ou « Aliscans », mais que l'on nomme maintenant « Champs-Élysées ». D'autres sources parlent plutôt d'un certain Hellequin, comte de Boulogne, qui se serait révolté contre son suzerain, au IXe siècle :

Le comte Hellequin, ayant dépensé au service de l'empereur tout ce qu'il possédait, n'avait pas vu son zèle récompensé. Méprisé de son souverain, attaqué par ses vassaux, il prit un parti désespéré, et accompagné de ses fils et de ses écuyers (de sa mesnie, comme l'on disait alors), il se fit chef de brigands et ravagea le pays. Longtemps vainqueur des troupes impériales, Hellequin et sa mesnie périrent enfin dans un combat sanglant. En punition de leurs fautes, le chef et les compagnons furent condamnés à errer jusqu'au jugement dernier, sans renoncer cependant à leurs mœurs guerrières et à leurs luttes anciennes[56].

Pour terminer, nous vous suggérons les jeux de dés et de hasard qui trouveront certainement des partisans parmi l'assemblée, *a fortiori* si vous prenez la peine de trouver des gages pour les perdants. Voici un jeu qui a l'avantage d'être facile et très divertissant :

Dringuet

Matériel
1 damier
1 dé (on peut aussi jouer avec 2 ou 3 dés)

But du jeu
Obtenir le plus de points possible, dans un temps limité.

Nombre de joueurs
2

Déroulement d'une partie :
Chaque joueur est placé à l'une des extrémités de l'échiquier. L'un choisit les cases blanches et l'autre, les cases noires. Convenir d'une durée pour la partie (de 2 à 5 minutes environ). Les joueurs lancent, à tour de rôle, le ou les dés. Si un dé tombe dans une case blanche, les points indiqués sur le dé vont au joueur qui a choisi les cases blanches. Si un dé tombe sur une case noire, les points vont au joueur qui a choisi les cases noires. Si le dé tombe à cheval sur deux couleurs, les points vont à la couleur majoritaire (c'est-à-dire la couleur sur laquelle repose la plus grande surface du dé). Le gagnant est celui qui, à la fin de la partie, a accumulé le plus de points.

saturnales[57]

(provenant probablement du latin *sata*, «semences», «récoltes»)

6 janvier[58]

« Les douze premiers jours de janvier indiquent
Le temps qu'il fera les douze mois de l'année. »

Janus, venu de Thessalie, fit la rencontre, à Rome, de la nymphe Camisé avec laquelle il partagea la gouverne du royaume latin. Ils se marièrent et eurent un fils, Tibérinus. Mais celui-ci se noya dans les eaux du fleuve que l'on nomma Tibre[59] en sa mémoire. À la mort de son épouse, Janus régna seul sur le monde latin, puis il offrit asile à Saturne qui ne pouvait plus gouverner le ciel. Ensemble, ils ramenèrent la paix et l'abondance chez les Romains. Après la mort de Saturne, Janus fut élevé au rang de dieu et devint le protecteur de Rome. C'est pour rappeler l'âge d'or du temps de Saturne et de Janus que les disciples de ce dernier célèbrent les Saturnales. Le mois de janvier porte son nom. Dans le cas de cette fête plus antique que médiévale, il faut prévoir, pour l'ouverture des célébrations, une procession solennelle dans la salle du banquet, accompagnée d'une musique retenue, et donner préséance aux personnages issus des plus bas échelons de la société. Tous sont vêtus à la façon des pauvres, car tous sont égaux. Ceux qui choisissent de mettre un couvre-chef, histoire de rappeler ces «bonnets de liberté[60]» portés par les esclaves affranchis, peuvent le confectionner eux-mêmes afin qu'il soit original.

Durant la procession, chaque invité porte un élément de la décoration ou du repas, en particulier des guirlandes végétales (qui peuvent être synthétiques puisque la flore est relativement avare de rameaux en cette période de l'année), des fruits, des bougies[61], des bonshommes de pain, des pièces de menue monnaie et la réplique dessinée ou modelée d'un taureau de sacrifice[62] entouré de bandelettes, aux cornes dorées. Deux demoiselles ou dames, faisant office de vestales, exhibent un gâteau sacré appelé *mola salsa*[63] et une amphore de vin. Le grand prêtre, en l'occurrence le maître ou la maîtresse de maison, conduit le taureau de sacrifice[64] vers le lieu de l'immolation.

Lorsque la procession est terminée et que tous les participants ont pris place à table, le grand prêtre, vêtu de blanc et la tête couverte d'un voile, invite le porteur de taureau à apporter l'effigie. À la suite de quoi, il répand quelques miettes de *mola salsa* sur la réplique de l'animal, verse un peu de vin sur sa tête, puis plante symboliquement son couteau en lui, l'offrant ainsi à Saturne. Il peut, s'il le désire, se livrer à l'interprétation de faux viscères de l'animal factice et y aller d'un augure de son cru, du type : « Je vois, dans les entrailles de cet animal sacrifié, que les réjouissances de ce banquet seront sans pareilles ! » Puis, il achève le rituel en versant un peu de lait sur l'animal pour, ensuite, le brûler. À l'issue de cette cérémonie, tout le monde est invité à entamer les victuailles et à se réjouir du temps des semailles qui débutera bientôt.

FÊTE DES FOUS

1er ou 6 janvier

« Dieu te garde d'un bon janvier ! »

H éritée des Saturnales, la Fête des fous va cependant plus loin. Ici, il n'est plus question d'égalité. On opte pour les contraires et on change les rôles : les pauvres deviennent les riches et les nobles deviennent des vilains, afin de prendre conscience collectivement de la précarité des statuts sociaux et de la vie même. En outre, cette fête où tout est permis sert d'exutoire aux nombreuses frustrations vécues quotidiennement non seulement par les gens du peuple, mais aussi par les clercs et les religieux.

Dans le cadre d'un banquet, les invités pourraient porter des vêtements à l'envers ou des costumes de teinte jaune, couleur de la folie et de l'instabilité psychologique. Comme tout est contraire au naturel, les femmes peuvent être vêtues d'une chemise et de braies, et porter une fausse barbe, de même que les hommes ont la possibilité de porter une robe et un voile. Les convives peuvent aussi se travestir en animaux sauvages ou, plus simplement, porter des masques grotesques dont la fonction est de faire fuir les mauvais esprits.

D'un point de vue général, durant la Fête des fous, c'est la danse qui prime. Aucun pas en particulier ; que des expressions corporelles et des galipettes folles, que des farandoles effrénées autour de la table du banquet. Parmi les jeux à privilégier, ceux qui sont propres aux fous et aux jongleurs. Une course en marchant sur les mains serait, par exemple, très appropriée. Manger avec le dos de la cuillère, boire à même le goulot de la bouteille… sont autant de petits gestes quotidiens à exécuter de manière tordue.

Il serait de bon ton d'élire, à cette occasion, un roi des fous et de le coiffer d'une couronne biscornue. Prévoyez une marotte[65] à remettre à sa reine, le cas échéant. Tout le monde devra s'adresser à lui avec déférence et l'appeler « Votre Majesté » ; rires assurés ! Les critères de sélection peuvent porter sur le costume, le langage, l'attitude physique, les aptitudes en jonglerie, la drôlerie des histoires ou tout autre exercice au choix.

Pour ajouter encore plus de plaisir aux festivités, nous vous suggérons un petit jeu de table à faire connaître à vos invités. Ils en deviendront vite « fous » !

Le jeu de mérelles[66]

Matériel

9 jetons noirs
9 jetons blancs
1 planche de jeu[67]

But du jeu

Le gagnant est celui qui a réussi sept « moulins » (de manière à ce que son adversaire n'ait plus que deux jetons sur la planche). Peut aussi gagner le joueur qui a réussi à bloquer toutes les issues à son opposant. Noter qu'une partie peut être considérée comme nulle si les deux joueurs ont effectué 50 déplacements sans avoir réussi la moindre « prise ».

Nombre de joueurs

2

Déroulement

Le premier participant est choisi par tirage au sort (pile ou face, tirage de dés, etc.). Au début du jeu, la planche ne contient aucun jeton. Les joueurs placent alternativement, un à un, leurs jetons sur des points non occupés de la planche. Une fois cette étape terminée, ils déplacent, chacun leur tour, un de leurs pions sur un point voisin libre en passant par la ligne qui relie son point de départ à son point d'arrivée. Le but est de réussir un « moulin », c'est-à-dire d'aligner trois jetons de couleur identique. La réussite d'un moulin par l'un des joueurs lui octroie le droit de retirer de la planche de jeu un des pions de l'adversaire ; ce jeton, une fois enlevé, ne pourra plus être remis sur la planche. Chaque joueur doit avancer au moins deux fois avant de pouvoir refaire un moulin avec les mêmes jetons. Lorsqu'un des joueurs n'a plus que trois jetons sur la planche, il peut les déplacer librement, sans devoir s'en tenir aux points voisins.

épiphanie

(du grec *epi*, «sur», et *phainein*, «apparaître», en parlant de l'étoile, manifestation de la venue du Sauveur sur Terre, apparue aux Rois mages) ou **fête des Rois**

6 janvier

« Clair à l'Épiphanie, tonneaux bien remplis. »

Cette fête chrétienne a supplanté les fêtes païennes dites «Saturnales» de l'Antiquité. Elle célèbre la visite des trois Rois mages, Gaspard, Melchior et Balthazar, à l'enfant Jésus. On prétend que ces rois venus d'Orient auraient offert au Sauveur de l'or, symbole de royauté, de l'encens, hommage à sa divinité, et de la myrrhe, résine odoriférante utilisée dans certains rites funéraires en signe de sa mort terrestre. Pourquoi étaient-ils trois? Bien sûr, ce nombre n'est pas arbitraire. Il est, au contraire, empreint de symbolisme puisqu'il représente les trois lignées humaines de l'Ancien Monde, toutes trois issues des fils de Noé: Cham (ancêtre des peuples d'Afrique), Japhet (ancêtre des peuples habitant le nord de la Méditerranée) et Sem (ancêtre d'Abraham et père du peuple sémite).

À Rome, vers la fin de l'Antiquité, les soldats romains tiraient au sort, à l'aide d'une fève insérée dans une grosse galette partagée par les prisonniers condamnés à mort, une victime qui était traitée comme un roi durant la période de sept jours que duraient les Saturnales. À l'issue de celles-ci, ce «roi» était exécuté.

À l'époque féodale, la fête des Rois concordait avec la période de la collecte des impôts. Le serf devait, pour cette occasion, en plus des redevances, offrir à son seigneur un gâteau, le «gâteau des rois». Aujourd'hui, pour s'amuser à la manière des monarques, certains insèrent une fève dans une galette ou brioche cuite en l'honneur des Rois mages, laquelle vise à élire roi ou reine celui ou celle qui hérite de la part de galette chanceuse[68].

Dans le cadre d'un banquet des Rois mémorable, il est essentiel de servir la célèbre galette pour déterminer le monarque qui présidera aux festivités. Son rôle est d'entamer la première danse et d'offrir le bras à toute gente dame souhaitant partager une danse avec son suzerain. Pour le plus grand bonheur du nouveau monarque et de ses sujets, l'assemblée peut finalement entonner ce chant traditionnel qui relate, en musique, la légende de Gaspard, Melchior et Balthazar :

La marche des Rois

De bon matin j'ai rencontré le train
De trois grands Rois qui allaient en voyage,
De bon matin j'ai rencontré le train
De trois grands Rois dessus le grand chemin.
Venaient d'abord des gardes du corps,
Des gens armés avec trente petits pages,
Venaient d'abord des gardes du corps
Des gens armés dessus leurs just'au corps

Puis sur un char, parmi les étendards
Venaient trois rois modestes comme d'anges,
Puis sur un char, parmi les étendards,
C'est Melchior, Balthazar et Gaspard.
L'étoile luit qui les Rois conduit
Par longs chemins devant une pauvre étable,
L'étoile luit qui les Rois conduit
Par longs chemins devant l'humble réduit.

Au fils de Dieu qui est né en ces lieux
Ils viennent tous présenter leurs hommages,
Au fils de Dieu qui est né en ces lieux
Ils viennent tous présenter leurs doux vœux.
Or, myrrhe, encens sont les beaux présents
Qu'ils ont portés à cet Enfant adorable
Or, myrrhe, encens sont les beaux présents
Qu'ils ont portés à ce divin Enfant.

CONVERSION DE SAINT PAUL

(du latin *Saül*), patron des vignerons ou **Bacchanales**

25 janvier

« S'il fait beau à la Conversion, le vin sera bon. »

Lorsqu'on fête la Conversion de saint Paul de façon tradition-nelle, les célébrations pouvant durer jusqu'à trois jours et trois nuits débutent par une procession dans les rues du village avec, en tête, la statue colorée du saint, décorée pour l'occasion. Suivent des porteurs de brioches bénites qui sont offertes aux participants à la fin de la messe qui suit immédiatement la procession. Durant la célébration liturgique, l'officiant relate l'histoire de ce Saül de Tarse qui, en compagnie de ses acolytes lettrés, se rendit à Damas pour y persécuter les disciples du Christ. Mais, sur le chemin, une force mystérieuse et une lumière très intense qui l'aveugla le firent tomber de cheval. Il entendit alors une voix qui lui demanda la raison de cette persécution. Puis, cette voix se fit connaître : il s'agissait de Jésus le Christ ressuscité d'entre les morts. À la suite de cette illumination, saint Paul se convertit au christianisme et devint propagateur de la foi, notamment grâce à ses correspondances épistolaires. Il mourut en martyr, décapité selon le supplice réservé aux citoyens romains.

Voilà pour la partie religieuse de la fête. La partie profane qui suit offre, quant à elle, bien plus d'attraits aux convives qui préfèrent célébrer allègrement Bacchus[69]. En effet, on remplace l'effigie du saint par un membre de la communauté qui personnifie Bacchus. Le visage peinturluré de rouge, la tête coiffée de feuilles de vignes et de grappes de raisin, la main portant le thyrse (bâton de bois entouré de lierre ou de vigne et coiffé d'une pomme de pin ou d'une pomme grenade), cette réplique du dieu des beuveries se laisse porter dans les rues du village, juchée sur un tonneau ou sur un âne. Pendant ce temps, les disciples du dieu du vin dansent et chantent de bon cœur, et ceux qui le souhaitent arborent le masque de la « mascarade ». Du vin chaud et des petits beignets de carnaval (dits « merveilles ») sont distribués aux témoins de la procession qui le désirent. C'est le coup d'envoi des réjouissances durant lesquelles les fêtards participent à un repas mettant en commun les mets que chacun a préparés. Inutile de préciser que le bon vin y est à l'honneur et que, comme dans toute bonne fête médiévale, la danse et le chant sont omniprésents.

Afin de communier à cette fête de la dive bouteille, nous vous proposons cette chanson à boire dont les paroles encouragent au dépassement les buveurs... médiocres !

Ah que nos pères étaient heureux (bis)
Quand ils étaient à table.
Le vin coulait à côté d'eux (bis)
Ça leur était fort agréable.
Et ils buvaient à pleins tonneaux,
Comme des trous, comme des trous, morbleu !
Bien autrement que nous, morbleu !
Bien autrement que nous !

Ils n'avaient ni riches buffets (bis)
Ni verres de Venise.
Mais ils avaient des gobelets (bis)
Aussi grands que leurs barbes grises.

Ils ne savaient ni le latin (bis)
Ni la théologie.
Mais ils avaient le goût du vin (bis)
C'était là leur philosophie.

Quand ils avaient quelques chagrins (bis)
Ou quelques maladies
Ils plantaient là le médecin (bis)
Apothicaire et pharmacie.

Celui qui planta le Provins (bis)
Au doux pays de France
Dans l'éclat du rubis divin (bis)
Il a planté notre espérance.

IMBOLC

(qui signifie « lustration »)

1er février

« Février n'est jamais si dur et si méchant
Qu'il ne nous fasse don de sept jours de printemps. »

C'est une célébration de la lumière du jour, laquelle occupe de plus en plus de place à mesure que le printemps approche. À cette occasion, la déesse Brigid est honorée.

Si chandelles et flambeaux sont abondamment utilisés à cette occasion, l'eau a aussi une grande valeur puisque le premier mandat d'Imbolc est la purification. Il s'agit, en quelque sorte, de l'origine du « grand ménage du printemps ». Non seulement les corps et les consciences se purifient des effets de l'hiver, mais on en profite pour débarrasser terre et air des mauvaises herbes et des mauvais esprits. L'eau et l'encens jouent donc un rôle des plus importants dans cette célébration qui s'adresse aussi à la déesse de la fécondité.

Dans le cadre d'un banquet d'Imbolc, on privilégie le vert et le blanc pour la décoration, et l'hôte ou l'hôtesse sert toutes sortes de pains, du beurre, de la crème, du fromage et des crêpes, de même que le fameux « gâteau d'Imbolc » qui rappelle nos biscuits aux amandes.

À la fin du repas, marchant en procession à la lueur des flambeaux, les convives vont invoquer la protection de la déesse et récolter une certaine quantité de neige qu'ils laisseront fondre. L'eau ainsi obtenue sera embouteillée et conservée précieusement. Au printemps, quelques gouttes dispersées aux quatre coins du jardin serviront à favoriser l'épanouissement des semences et tiendront à l'écart tous les mauvais génies fauteurs d'avaries.

Tian à la pomme
et au fromage de chèvre

Ingrédients

- 2 pommes Granny Smith
- 200 g de fromage de chèvre
- 1 cuillère à soupe de graines de pavot bleu
- 2 cuillères à soupe d'huile d'olive
- 4 branches de thym
- sel et poivre

Méthode

1. Préchauffer le four à 400° F (200° C).
2. Laver les pommes et les couper en fines tranches.
3. Couper le fromage de chèvre en fines lamelles.
4. Effeuiller les branches de thym.
5. Dans des ramequins individuels, intercaler une tranche de pomme et une tranche de fromage.
6. Saler et poivrer.
7. Répartir les graines de pavot et le thym.
8. Arroser d'huile d'olive.
9. Enfourner le tian 8 minutes.
10. Servir aussitôt.

SAINT-VALENTIN

14 février

« À la Saint-Valentin,
Vous accouplez les serins. »

Ce dicton enseigne que la Saint-Valentin est le temps où la nature s'éveille et où les animaux commencent généralement à se reproduire. C'est en raison de cette connotation sexuelle que l'antique fête des Lupercales[70] s'est transformée en fête de l'amour, sous les traits du saint du jour. La censure chrétienne a fait que l'amour charnel a été sublimé en amour spirituel. Voici la légende à laquelle cette censure a donné vie.

Valentin était romain et prêtre chrétien sous le gouvernement de l'empereur Claude, au IIIe siècle de notre ère. Comme tout dictateur, Claude souhaitait être à la tête d'une puissante et – autant que possible – invincible armée. Pour ce faire, il lui fallait recruter des soldats[71] parmi les gens du peuple, qui aspiraient davantage à une vie familiale tranquille qu'aux farouches conquêtes. Or, devant le peu de volontaires et le manque d'enthousiasme des hommes, il émit un édit interdisant fiançailles et mariages. Mais l'amour était plus fort

que la force elle-même puisque certains couples d'amoureux passèrent outre à ce décret et, dans le plus grand secret, se firent marier par le père Valentin. L'empereur, ayant eu vent de cette affaire, fit emprisonner Valentin dans des geôles gardées par un homme dont la fille était aveugle. Valentin, par sa sainteté, lui rendit la vue, dit-on. Pour remercier Valentin de ce miracle, la jeune fille vint chaque jour, durant un an, prendre soin de lui jusqu'au jour de son exécution[72], le 14 février de l'an 273. La légende prétend qu'en quittant sa cellule, Valentin aurait laissé un petit mot de gratitude pour la jeune fille: «Merci! De ton Valentin.»

C'est ainsi que serait née la coutume, pour les jeunes amoureux, de s'échanger des billets doux, le jour anniversaire de la mort de ce saint. Par ailleurs, que retrouve-t-on immanquablement à la fin de ces lettres d'amour? Des «xxx». Pourquoi? Parce que, dans ces temps reculés où les individus étaient, pour la plupart, illettrés, on les invitait à signer les documents officiels en faisant une croix, preuve écrite de la bonne foi qu'ils manifestaient en embrassant la croix du Christ[73]. Le «x» est ainsi devenu le symbole du baiser sacré.

Une fête de Saint-Valentin médiévale doit débuter par le tirage au sort des couples qui se conteront fleurette tout au long de la soirée. Chacun épingle sur sa manche gauche le billet tiré au sort sur lequel est inscrit le nom de son valentin ou de sa valentine[74]. Dans le but de favoriser les échanges visuels, ils seront assis l'un en face de l'autre durant le repas, composé principalement de mets aux propriétés aphrodisiaques (huîtres, concombres, céleri, pains d'avoine, figues, amourettes d'agneau, asperges, chocolat, ail et gingembre).

La couleur rouge et le cœur, icônes de l'amour passionné, doivent primer dans la décoration. On peut les observer partout, même dans la décoration des tranchoirs.

Après s'être rempli la panse, place à la danse! Mais rien de trop lascif pour ne pas exciter les jalousies... Que des danses mouvementées sur des airs entraînants. «Domino les femmes ont chaud[75]!» Une pause rafraîchissement est la bienvenue; rien de tel qu'un verre de votre meilleur hydromel pour désaltérer l'assemblée essoufflée! Convier les invités à une cour d'amour serait, à ce moment-ci de la veillée, une activité intellectuelle susceptible de susciter bien des sourires et, si les plaideurs sont bons, des éclats de rire à se dilater la rate. Le but du jeu est de faire asseoir une damoiselle devant l'assemblée et d'inviter son valentin à s'approcher d'elle humblement. Dans un élan de verve poétique, celui-ci doit faire rimer ses sentiments de la façon la plus éloquente possible. Pour que l'exercice soit encore plus intéressant, il est essentiel que plusieurs prétendants se disputent les faveurs de la même damoiselle. Les critères d'évaluation seront ceux que vous voudrez bien définir. Néanmoins, on devra en retrouver trois, à savoir la fidélité à sa dame, l'humilité du plaidant – être à genoux pour offrir son poème est incontestablement un «plus» pour le concurrent – et les rimes dans le poème. C'est un match d'improvisation avant la lettre puisqu'il s'agit d'inventer, à brûle-pourpoint, un discours poétique convaincant. Le gagnant est reconnu meilleur amant de l'assemblée pour sa plus grande gloire et celle de sa compagne (réelle, il va sans dire).

Pour les damoiselles qui se meurent d'amour pour un amant qui les ignore, nous proposons ci-dessous un petit sortilège qui – paraît-il – est des plus efficaces. Avis à celles qui pourraient vouloir en abuser ; les effets sont fulgurants !

Sortilège d'amour

Matériel
60 centimètres de ruban rouge (acheté à la nouvelle lune).

Déroulement
À la nouvelle lune, faire un nœud dans le ruban. Le lendemain, faire un autre nœud, et ainsi de suite, jusqu'à obtention de dix nœuds. Le dixième jour, entourer le ruban autour du bras de manière à ce qu'il soit en contact direct avec la peau. S'approcher de l'être convoité et, de préférence, le frôler avec le bras porteur du ruban. Résultats presque assurés…

Un tournoi de jeux d'adresse (bilboquet, jeu de bille, fléchettes, fer à cheval, lancer de la bûche, etc.) peut clôturer les festivités sous l'œil mutin d'un Cupidon[76] d'occasion choisi parmi les célibataires du groupe et dont le rôle se résumera, au terme de ces joutes, à déterminer le meilleur chevalier servant.

Pour terminer, voici une recette toute simple pour fabriquer une encre invisible qui n'apparaîtra que chauffée à la chandelle. Cette encre, dont la durée de vie n'est que de quelques jours, sert aux échanges épistolaires clandestins. Pourquoi ne pas inscrire le nom des invités avec cette encre magique et demander aux convives eux-mêmes de tirer au sort le nom de leur valentin qu'ils découvriront en chauffant leur billet?

Encre invisible

Ingrédients
Jus de citron
Plume ou cure-dent
Papier-parchemin

Préparation
Presser un citron frais afin d'en extraire le jus. Tremper un cure-dent ou une plume dans le jus, puis écrire le message désiré sur une feuille de papier. Laisser sécher. Lire en chauffant à la chandelle.

Lupercales

15 février

Ancêtres de la Saint-Valentin, les Lupercales sont des célébrations de purification païennes, d'origine romaine, commémorées le 15 février, à la fin de l'année romaine (celle-ci débute le 1er mars). Ces festivités prennent naissance au pied du mont Palatin – endroit chargé d'histoire pour les Romains –, près d'une grotte nommée «grotte du Luperca[77]» en l'honneur de Pan, ou *Faunus Lupercus*. Une cérémonie sacrificielle est organisée en présence de douze prêtres et de deux jeunes patriciens vêtus uniquement d'un pagne de peau d'animal. Les prêtres immolent des chèvres, des boucs et un chien, puis, à l'aide du couteau de sacrifice, touchent le front des deux témoins. Ils essuient ensuite le sang qui coule avec une touffe de laine imbibée de lait, symbole de renaissance. Puis, pour figurer la victoire de la vie sur la mort, les deux initiés éclatent d'un rire sonore. Après s'être aspergés du sang de l'holocauste[78], les participants à ce rituel quittent les lieux pour parcourir les rues de la ville en dansant, fouettant sur leur passage, avec des lambeaux de peau prélevés sur les animaux sacrifiés, les femmes désirant devenir mères dans la prochaine année ou celles qui, déjà enceintes, souhaitent éviter les douleurs de l'enfantement. Le banquet de réjouissances qui suit cette course de la fertilité est également l'occasion de tirer au sort les partenaires composant les couples qui, ainsi formés, se fréquenteront durant le banquet. Au début des agapes, chaque jeune fille écrit son prénom sur un bout de parchemin[79] et le dépose dans une jarre. Chaque jeune homme qui entre dans la salle doit «piger» le nom d'une damoiselle, laquelle sera sa cavalière le temps de la fête[80]. Si le hasard les favorise, ils tombent amoureux, se marient, vivent heureux et ont beaucoup d'enfants… Une chose est certaine, c'est qu'à cette occasion, les participants boivent goulûment et festoient grandement. Mais il s'agit de la version Rome antique, évidemment !

CARNAVAL

(du latin médiéval *carnelevare*, «retirer la viande»)
ou **Mardi-Gras**

*« Quand Mardi-Gras est de vert vêtu,
Pâques met des habits blancs. »*

Le carnaval est, à l'origine, une fête païenne qui dure plusieurs jours. Après la christianisation de l'Europe, elle devient une fête cautionnée par l'Église, qui s'étend de l'Épiphanie au Mardi-Gras, dernier mardi précédant le mercredi des Cendres. Le mercredi des Cendres marque officiellement le début du Carême, période de quarante jours durant laquelle la viande est proscrite ; les pénitents jeûnent et s'imposent toutes sortes de mortifications dans le but d'expier leurs péchés.

Toutes les choses défendues en temps de carême sont permises en temps de carnaval. C'est le moment idéal pour renverser l'ordre établi, se moquer des gens au pouvoir (religieux et politique), se costumer, se masquer, imiter le comportement des animaux (les chevaux, entre autres), danser, rire, chanter, boire et manger excessivement.

Une coutume des années 1000 veut que les carnavaliers fabriquent, au début du carnaval, un mannequin – l'ancêtre de notre actuel «bonhomme Carnaval» – incarnant l'esprit de la fête et devant présider aux chants, danses et ripailles de tous les fêtards. À la tombée de la nuit du Mardi-Gras, alors que la période de libations tire à sa fin, ils brûlent le «Roi carnaval» et jettent dans le feu destructeur, en signe de pénitence, leur masque de fête en psalmodiant ces mots qui résument les temps rigoureux à venir sur le plan culinaire : «Adieu, pauvre Carnaval. Tu t'en vas et moi je reste pour manger la soupe à l'ail!»

Pour un banquet carnavalesque, rien de tel que des masques, des mimes, des postures empruntées, des comportements calqués, des défilés de personnages colorés, des danses énergiques, des chants grivois, des rires gargantuesques et… beaucoup de vin, ainsi que de l'hydromel. La fabrication collective d'un Roi carnaval pourrait constituer une activité culturelle d'importance durant la veillée si vous faites participer tous vos invités à sa confection.

En ce qui a trait au repas, le bœuf est le mets privilégié. Les pâtisseries, quant à elles, sont nombreuses et variées, en particulier les beignets de Carnaval. Et pourquoi ne pas renouer avec la tradition de l'immolation du Roi carnaval pour clôturer le banquet ? Pour ce faire, chacun se saisit d'un fétu de paille, y met le feu puis, après avoir scandé une psalmodie rituelle, enflamme l'effigie. Certains convives sacrifient leur masque dans le brasier ; les autres le rangeront jusqu'à l'année prochaine dans l'espoir de revivre un carnaval aussi enlevant. Le «sacrifice» terminé, c'est en respectant un silence de pénitence que se fait le retour à la maison, histoire de marquer, avec originalité, la fin des festivités.

Beignets de Carnaval

Ingrédients

- 500 g de farine
- 1 tasse de lait tiède
- 3 cuillères à soupe de sucre
- 2 œufs moyens
- 75 g de beurre
- 1 pincée de sel
- 20 g de levure de bière (ou un autre type de levure)
- huile végétale

Méthode

1. Verser la farine dans un grand bol.
2. Creuser un puits dans son centre.
3. Mélanger les autres ingrédients jusqu'à l'homogénéité.
4. Verser dans le puits de farine.
5. Pétrir la pâte jusqu'à ce que celle-ci ait une consistance moelleuse.
6. Abaisser à environ 1 cm d'épaisseur à l'aide d'un rouleau à pâte sur une surface enfarinée.
7. À l'aide d'un emporte-pièce, tailler la pâte.
8. Faire frire quelques minutes dans l'huile pas trop chaude.
9. Égoutter et saupoudrer de sucre.

FÊTE DES BRANDONS

(du francique *brand*, « tison »)

1er dimanche de carême[81]

« En Carême, saumon et sermon sont de saison. »

Vestige des Lupercales, la fête des brandons est l'occasion pour les paysans du Moyen Âge de purifier les champs de tous les petits rongeurs susceptibles de gâter les prochaines semences. Pour ce faire, ils tressent serré des fagots de paille, puis les enflamment. En agitant ces torches dans tous les sens au-dessus du sol, ils tentent de faire fuir la vermine. Certains en profitent pour débarrasser l'air des esprits nuisibles en se prêtant à diverses incantations typiquement païennes.

Une coutume médiévale suggère que, la veille de la fête des brandons, les jeunes hommes célibataires s'installent dans une même charrette et traversent le village en s'arrêtant devant chaque demeure où réside une jeune fille à marier. Puis, ils recueillent un fagot de paille destiné à alimenter un grand feu de joie à la tombée de la nuit. Tous sont invités à venir se dégourdir auprès des flammes et, lorsqu'il ne reste plus du brasier que des charbons ardents, chaque célibataire – garçon ou fille – saute par-dessus les braises en faisant attention de ne pas brûler ses vêtements[82]. Si le défi est réussi, il ou elle se marie dans l'année.

Les mets privilégiés dans un banquet des brandons sont le poisson[83] sous toutes ses formes (soupe, grillades, ragoût, etc.), les galettes, le riz et les fèves. Anecdote intéressante : dans la mythologie grecque, les deux poissons de la constellation seraient Aphrodite et Éros[84], transformés pour échapper à la fureur de Typhon, monstre gigantesque qui menace les dieux de l'Olympe. Amour et poisson… deux éléments au centre de la fête des brandons.

Terrine de poisson

Pour 4 personnes

Ingrédients

- 250 g de poisson blanc (tilapia par exemple)
- 400 g de pommes de terre épluchées
- 20 g de beurre
- 2 œufs moyens
- 200 ml de crème 15 %
- 1 litre de bouillon de légumes
- sel et poivre

Méthode

1. Préchauffer le four à 400° F (200° C).
2. Pocher le poisson dans le bouillon chaud pendant dix minutes.
3. Faire cuire les pommes de terre à l'eau bouillante salée.
4. Quand les pommes de terres sont cuites, les écrasées et ajouter le beurre chaud.
5. Émietter le poisson et mélanger avec les pommes de terre et les œufs, assaisonner.
6. Verser la préparation dans un moule à gâteau beurré.
7. Cuire au four dans un bain-marie.
8. Vérifier la cuisson avec la pointe d'un couteau après 15 minutes ; elle doit ressortir sèche.

Présentation

La servir chaude ou froide accompagnée d'une sauce style béchamel.

Le printemps

« Le temps a laissé son manteau
de vent, de froidure et de pluie,
et s'est vêtu de broderie,
de soleil luisant, clair et beau[85]. »

Le printemps[86] est un moment de grandes réjouissances chez tous les peuples parce qu'il marque la renaissance. Partout, l'on célèbre la jeunesse et l'espoir. Si la nature se réveille au printemps, ainsi en est-il de l'instinct de reproduction qui gouverne la faune. Et comme l'être humain est un animal pensant… La fébrilité qui se dégage de tout évoque des temps plus cléments après les rigueurs de l'hiver. Le renouvellement de la nature est entamé, alors la végétation s'épanouit et les travaux agricoles reprennent.

OSTARA[87]

(Aurore) ou **Eostar**[88]
ou **Alban Eiler** (du celtique «Lumière de la Terre»),

21 mars

« Fleurs de printemps sont fruits d'automne. »

Le but des fêtes d'Ostara est avant tout d'exalter l'équilibre ; l'équilibre entre la nuit et le jour, le froid et la chaleur, la Terre et le Ciel, la mort et la vie. C'est la célébration du retour de la Justice, une justice impartiale qui traite chacun en égal. C'est aussi le temps du grand mariage entre le dieu Soleil et la déesse Terre, qui s'uniront ensuite pour engendrer toute vie. Ostara marque également le début de la belle saison, celle qui est propice à l'espérance, à la fertilité et au bonheur. On l'imagine sous les traits d'une fée des bois, éternellement jeune, toute de vert vêtue, portant un panier regorgeant d'œufs – symboles de la vie en gestation – et accompagnée d'un mignon petit lièvre, son animal fétiche au regard de sa propension à se reproduire allègrement. C'est d'ailleurs ce prolifique animal qui deviendra, un peu plus tard, le célèbre lapin de Pâques de la tradition occidentale. Chez les peuplades celtiques, après avoir salué le début des fêtes de l'Alban Eiler en criant « *Ô Rigani !* » (c'est-à-dire «Oh ! Reine !»), il est coutume de disposer, dans les bois, des œufs colorés comme offrande à l'intention de la déesse ainsi que des fruits et des noix pour les esprits des forêts. Peut-être favoriseront-ils davantage les semailles s'ils se trouvent dans de bonnes dispositions…

Quoi qu'il en soit, un banquet d'Ostara doit comporter une activité marquant le début des célébrations. Nous vous proposons une chasse aux œufs toute nordique dont le déroulement se détaille comme suit :

Remettez à chaque invité un œuf cuit dur et fournissez-lui un stylo-feutre de couleur noire, de préférence à encre indélébile. Puis, demandez à chacune des personnes de choisir un symbole dans l'alphabet runique[89] et de le reproduire sur son œuf. Placez tous ces œufs dans un panier et demandez à un enfant (suffisamment responsable) d'aller les cacher dans un sous-bois ou dans une partie de la salle en prenant bien soin de les disperser et de les placer de sorte que le symbole reste caché. Invitez ensuite les participants à aller cueillir un des œufs cachés et, tour à tour, chacun exhibe son œuf et exprime son interprétation du symbole. En consultant la liste des significations des runes (ci-jointe), vous donnerez le véritable sens du signe. Enfin, dégustez les œufs.

Une fois cette activité terminée, dirigez-vous solennellement vers un petit autel où sont disposées des fleurs fraîchement coupées, sans leurs racines, et choisies en fonction de leur symbolique[90]. Jouxte ce bouquet le chaudron sacré rempli d'eau de source. Une chandelle allumée figurant la lumière du soleil éclaire une poignée de terre, deux ou trois œufs colorés et quelques graines. Après une courte incantation adressée à mère Nature, les convives rejoignent leur place pour prendre part à un repas constitué de mets de couleurs claires et/ou vertes, de salades parsemées de graines (tournesol, lin, citrouille, etc.) et de desserts enjolivés de pétales de fleurs comestibles, telles que les pensées, capucines, tulipes, tournesols, phlox, œillets et nombre d'autres.

Pour le plus grand bonheur de vos convives, pensez à inclure une petite cérémonie de plantation d'herbe magique[91] (une herbe culinaire de votre choix, comme la menthe ou le persil) dans votre banquet. Il vous faudra remettre à chacun un pot (en terre cuite, de préférence) contenant suffisamment de terre pour y faire pousser une petite plante. Distribuez quelques graines à chaque invité et suggérez-leur de planter celles-ci en hommage au printemps qui débute et en rappel de ces agapes que vous partagez. Puis, avec beaucoup de respect, que chacun puise, dans le chaudron de l'autel, l'eau qui permettra à sa plante de s'épanouir[92]. Parents et amis pourront prendre soin de leur plante tout en méditant sur le bonheur de vivre, simplement.

Et que serait une fête d'Alban Eiler sans le traditionnel feu allumé dès l'aurore en guise de salut lumineux à Belenos, dieu gaulois de la lumière? Pour peu que votre banquet s'étire dans la nuit et que vos convives aient l'esprit à la fête, vous pouvez envisager de clôturer vos réjouissances par cet hymne symbolique au Soleil. Émotions garanties!

Symbolique de quelques fleurs

Anémone . . . . persévérance
Aubépine . . . . espérance
Azalée . . . . joie d'aimer
Bégonia . . . . cordialité
Belladone . . . . silence
Belle de nuit . . . . . . discrétion
Bleuet . . . . délicatesse
Boule de neige . . . . fierté
Bouton d'or . . . . . . joie
Branche d'olivier . . . paix
Bruyère . . . . solitude
Camélia . . . . excellence
Campanule . . . . reconnaissance
Capucine . . . . amour ardent
Cèdre . . . . force
Chardon bleu . . . . . protection contre la maladie
Chêne . . . . hospitalité
Chèvrefeuille . . . . . amitié et amour
Chrysanthème rouge . . amour
Clématite . . . . désir
Coquelicot . . . . consolation
Crocus . . . . allégresse
Dahlia . . . . reconnaissance
Delphinium . . . . . . charité
Églantier . . . . poésie
Fleur de lys . . . . . . flamme
Fougère . . . . fascination
Freesia . . . . grâce
Fuchsia . . . . amour inébranlable
Gardénia . . . . sincérité
Genêt . . . . humilité
Géranium . . . . gentillesse
Glycine . . . . tendresse
Houx . . . . force
Iris . . . . bonnes nouvelles
Jacinthe . . . . joie
Jasmin . . . . amour voluptueux
Jonquille . . . . esprit chevaleresque
Laurier . . . . gloire
Lavande . . . . tendresse, respect
Lierre . . . . union
Lilas . . . . amour
Lys . . . . chasteté
Magnolia . . . . amour de la nature
Marguerite . . . . . . estime
Marronnier . . . . . . bravoure
Mimosa . . . . sécurité
Muguet . . . . coquetterie et porte-bonheur
Myosotis . . . . souvenir
Œillet . . . . ardeur

Orchidée . . . . séduction
Pâquerette . . . . innocence
Pensée . . . . affection
Pervenche . . . . mélancolie
Phlox . . . . flamme
Pissenlit . . . . fertilité
Pivoine . . . . timidité
Pois de senteur . . . . élégance
Rose blanche . . . . . amour pur
Rose bleue . . . . . . patience ou mystère
Rose lavande . . . . . coup de foudre
Rose rose . . . . amour véritable
Rose rouge . . . . . . passion
Rose rouge et blanche . union passionnée
Sureau . . . . enthousiasme
Tilleul . . . . amour conjugal
Tournesol . . . . santé
Tulipe . . . . amour sincère
Véronique . . . . fidélité
Vigne . . . . ivresse
Volubilis . . . . amitié

Symbolique de quelques herbes

Ail :	protection
Amarante :	immortalité
Aneth :	protection
Angélique :	inspiration noble
Anis :	aphrodisiaque
Anis vert :	sincérité
Bétoine :	amitié
Blé :	richesse
Bourrache :	constance
Camomille :	énergie et attachement
Cannelle :	séduction
Clou de girofle :	amitié constante
Coriandre :	immortalité
Cumin :	fidélité
Échinacée :	force
Fenouil :	courage
Lupin :	créativité
Marjolaine :	honneur et amour
Menthe :	mémoire et sagesse
Muscade :	rencontre
Persil :	festivité
Réséda vert :	tendresse
Romarin :	bonheur
Safran :	aphrodisiaque
Sauge :	santé
Thym :	courage et bravoure

Symboles et symboliques du futhark[93]

- (Feoh) : richesse, chance et joie
- (Ur) : énergie vitale et action
- (Thorn) : chance et action
- (Os) : puissance et conscience
- (Rad) : changement et voyage
- (Cen) : inspiration et lumière (la plus forte des runes)
- (Gyfu) : amour et sécurité
- (Wyn) : bonheur et prospérité
- (Hagel) : changement et transformation
- (Nyd) : prudence et équilibre
- (Is) : réflexion et transition
- (Eoh) : changement important et renaissance
- (Peorth) : chance et événement heureux
- (Eolh) : conseil et équilibre
- (Sigil) : protection divine et énergie
- (Tyr) : action et courage
- (Beorc) : fertilité et renaissance
- (Eh) : changement et voyage
- (Man) : humanité et dépassement
- (Lagu) : changement et voyage (nouvel amour)
- (Ing) : accomplissement et fertilité
- (Daeg) : lumière du soleil et succès
- (Odal) : aboutissement et humilité
- (Ger) : fertilité et attente positive

SAINT GEORGES

patron des chevaliers de l'Ordre teutonique et d'Angleterre

23 avril

« Quand il pleut le jour de Saint-Georges,
Sur cent cerises, on en a quatorze. »

Bien que la Saint-Georges ne fasse pas partie des fêtes les plus importantes du calendrier – elle ne fait donc pas l'objet d'un banquet à proprement parler –, nous avons pensé qu'il serait intéressant d'évoquer sa légende. N'oublions pas que saint Georges incarne, au Moyen Âge, l'esprit chevaleresque dans toute sa perfection. On raconte que saint Georges, au cours de ses pérégrinations, était arrivé dans une ville où, depuis plusieurs années, un monstrueux dragon terrassait les habitants. Pour calmer la fureur de l'animal mythique, ceux-ci devaient, une fois l'an, tirer au sort le nom d'une pucelle ou d'un jouvenceau afin de le/la lui offrir en sacrifice et d'épargner ainsi le reste de la communauté. Cette année-là, à l'arrivée de saint Georges, la fille du roi devait être la prochaine victime. Le vaillant chevalier proposa au monarque d'accompagner la jeune fille vers son supplice et d'aller courageusement combattre la bête, armé uniquement d'une lance et de sa foi inébranlable. Après une longue lutte, saint Georges eut raison du dragon et, après l'avoir blessé, il l'exhorta à se constituer prisonnier de la princesse. Selon la légende, celle-ci aurait alors dénoué sa ceinture et en aurait fait une laisse qu'elle mit autour du cou du dragon, le menant à sa guise comme s'il se fut agi d'un petit chien. Ce miracle contribua à la renommée de saint Georges qui, par la seule force de son courage et de sa foi, avait conquis le dragon. Il devint un saint vénéré, puis un modèle de bravoure pour la chevalerie. Un beau conte à raconter durant les longues veillées au coin du feu.

NUIT DE WALPURGIS

ou Nuit des sorcières

dans la nuit du 30 avril au 1er mai

« C'est la nuit qu'il est beau de croire à la lumière[94]. »

La veille du premier mai, dite fête de Beltane ou Belteine chez les druides, les sorcières se rassemblent pour danser ensemble jusqu'à l'aurore autour d'un grand feu alimenté par des branches d'arbres tombées durant l'hiver. Elles célèbrent ainsi, en compagnie du prince des Ténèbres, la fin de l'hiver. Les non-initiés, adultes et enfants, peuvent participer à cette fête, autrefois condamnée par l'Église, en se déguisant en sorcières[95], en diables[96] ou en vampires. Qu'on se le dise : c'est l'occasion par excellence pour jouer des tours et ainsi surprendre grands et petits ! Un repas de saumon, généreusement arrosé de vin pétillant, est ensuite partagé par les participants. Les danses se prolongeront jusqu'au petit jour.

La nuit de Walpurgis est une grande fête célébrée par les druides en l'honneur de Walburga, sainte du Devonshire, morte en Allemagne en 777. Elle deviendra le « sabbat » des sorcières.

Saumon poché au bouillon de légumes, sauce paresseuse et salade de roquette

Pour 4 personnes

Saumon

Ingrédients

- 500 g de saumon
- 1 litre de bouillon de légumes

Méthode

1. Cuire le saumon dans du bouillon à feu moyen pendant dix minutes.

Sauce

Ingrédients

- 250 ml de bouillon de légumes
- 10 ml de vinaigre de vin rouge
- 2 cuillère à soupe de moutarde forte de Dijon
- 30 g de poudre d'amande
- 1 cuillère à thé de gingembre en poudre
- sel et poivre

Méthode

1. Diluer la moutarde avec les 250 ml de bouillon de légumes.
2. Ajouter le vinaigre, le gingembre et la poudre d'amande.
3. Porter à ébullition.
4. Laisser cuire 20 minutes à feu moyen.
5. Ajouter une touche de crème pour rendre la sauce plus onctueuse (facultatif).

Salade

Ingrédients

- 1 botte de roquette lavée
- 10 ml d'huile d'olive
- sel et poivre
- 5 ml de vinaigre balsamique ou de verjus
- 1 échalote hachée finement

Méthode

1. Mélanger l'huile, le vinaigre et l'échalote à la roquette et assaisonner.

Présentation

Servir le saumon chaud avec la sauce dessus ainsi que la salade de roquette.

BELTANE

(on dit aussi Beltaine, signifie « feu de Bel », probablement pour Belenos)
ou **Cetsamhain**[97]

1er mai

*« Quand il pleut le premier jour de mai,
Les fourrages rendent le lait amer. »*

Les fêtes de Beltane célèbrent Belenos, le soleil resplendissant. Dieu lumineux des arts et de la médecine chez les Celtes, il est la divinité honorée à l'occasion de ces célébrations qui marquent le début de la saison claire (printemps/été), par opposition à la saison sombre (automne/hiver). Ce n'est pas sans raison que les Francs appellent le mois de mai « mois de la joie » et que les Britanniques le nomment *Merrymoon* ! Une constante demeure dans tous les cas : la joie liée au retour des beaux jours et de la fertilité.

Toutes les festivités entourant Beltane ont un lien soit avec le soleil, soit avec la fertilité, les deux étant, de toute façon, indissociables. Les solennités débutent la veille, au crépuscule, avec la confection d'un mannequin d'osier géant personnifiant l'hiver. Les habitants érigent ensuite, sur les lieux du rituel, un mât fait à partir d'un arbre dont les branches ont été coupées. Des rubans et des ornements artisanaux peuvent ajouter un élément décoratif au mât de mai. À l'instar des « pierres levées », cet arbre émondé porte en lui une symbolique phallique indubitablement associée à la notion de fertilité. Devant lui, on formule vœux et souhaits, car il évoque le potentiel créateur qui, de la Terre, s'élève vers le Ciel. Au lever du jour, c'est autour de ce « Mai » que l'on chante en dansant, toujours afin de susciter la fécondité. Mais avant, dans la noirceur de la nuit, on allume au moins deux grands brasiers entre lesquels le druide[98] fait passer le bétail en guise de protection contre les éventuelles épizooties. Puis, on immole le mannequin « Hiver » afin de s'assurer qu'il ne reviendra pas anéantir semailles et récoltes. Désormais libérés de l'emprise d'Hiver, les habitants peuvent s'adonner à leurs danses de joie et aux déhanchements suggestifs, le plus souvent simulacres d'accouplement, tandis que le druide, armé de sa serpe d'or, cueille le gui, parasite du chêne.

C'est durant la nuit de Beltane que les herbes exhalent leurs propriétés magiques. Du moins, c'est ce que l'on chuchote de bouche à oreille de druide. De leur côté, les femmes déambulent nues afin d'attirer sur elles les promesses d'une réelle fécondité. Nul doute qu'ainsi dévêtue plus d'une revient gravide au village. Cela n'a rien de bien sorcier !

Le repas de banquet, quant à lui, consiste en maints aliments d'origine laitière. Les fromages y sont particulièrement présents ainsi que les quiches, les salades, les fleurs comestibles[99] et le miel. Une odeur d'encens flotte dans l'air, car, au début du repas, l'hôte a pris soin d'offrir – avec l'encens – les agapes sous forme de prière à la déesse-mère et au dieu Cornu[100]. Un chaudron rempli d'eau de source repose sur un petit autel jouxtant la table à manger. Les preux chevaliers qui le désirent peuvent aller tremper leur épée dans l'eau du chaudron sacré afin de lui conférer la force de Belenos.

Après la ripaille, lorsque les tables ont été retirées, on fait place aux jeux physiques, tels que le lancer de la bûche, le souque à la corde, les courses de toutes sortes, les combats amicaux, etc. Vous pouvez organiser une partie de « choule » (ou « soule ») à laquelle participent hommes, femmes et enfants. Au Moyen Âge, la choule est un sport de grande envergure, opposant bien souvent deux paroisses ou deux hameaux adjacents. Les lignes de but sont généralement les églises des villages et les parties peuvent durer quelques jours. À certaines occasions, les parties de choule font office d'ordalies, ou jugements divins, c'est-à-dire qu'en cas de litige, le perdant de la joute perd aussi la bataille « juridique », selon la volonté divine. En ces temps reculés, toute partie prenait fin dès le premier but compte tenu des dimensions exceptionnelles du terrain de jeu. On raconte dans certains livres que des communautés « barbares » auraient sacrifié les perdants…

Une fois la joute terminée, épuisé mais heureux, chacun rentre chez soi, sous l'œil bienveillant du « soleil resplendissant », Belenos.

Jeu de choule (ou soule)

Nombre de joueurs

Illimité. Il suffit de séparer le groupe en deux équipes ayant un nombre à peu près équivalent de joueurs, hommes, femmes ou enfants.

Matériel

Une choule (à l'époque était utilisée une vessie de porc bourrée d'avoine, mais un ballon traditionnel fait tout aussi bien l'affaire).
Deux lignes de but : il peut s'agir d'arbres, d'un cours d'eau, d'une maison…, en somme, de n'importe quelle limite naturelle (ou artificielle) figurant dans l'environnement immédiat.

Durée d'une partie

Aussi longtemps que désiré, mais veiller à déterminer cette durée à l'avance afin de pouvoir désiger équitablement l'équipe gagnante.

But du jeu

Chaque équipe doit accumuler des points en marquant le plus de buts possible. L'équipe gagnante est celle qui aura obtenu le plus de points.

Règles

Les règles s'apparentent à celles du soccer dont la choule est l'ancêtre direct. Cependant, les joueurs doivent garder les mains derrière le dos en tout temps. La choule ne peut être déplacée qu'avec les pieds. Une mise au jeu, au centre du terrain, oppose le capitaine de chaque équipe et c'est cette mise au jeu qui donne le coup d'envoi à la partie. À chaque but compté, on refait la mise au jeu au centre du terrain.

ARBRE DE MAI

(du latin *maius*, «mois de Maïa[101]»)

1er mai

« En mai, chaude et douce pluie
Fait belle fleur et riche épi. »

Cette fête, la plus populaire du Moyen Âge, est une version «édulcorée» des fêtes de Beltane. En effet, comme pour bien d'autres fêtes d'origine païenne, l'Église appose le sceau de sa censure de telle sorte que la fête de l'Arbre de Mai en perd presque toute connotation sexuelle. Elle a toujours lieu le 1er mai, date présumée de la première floraison de l'aubépine. Les participants y célèbrent la renaissance de la végétation et de la vie. Cette fête débute par le choix d'un Arbre de Mai qui incarne l'esprit de la nature. On l'ébranche, en conservant néanmoins la touffe de la cime. Puis, les habitants le plantent sur la place du village. À cet arbre, ceux qui le désirent suspendent guirlandes, fleurs, rubans et fruits en faisant un vœu pour chaque décoration posée. Dans certaines régions d'Europe, l'on dispose, sur ce bouquet de branches, une couronne symbolisant le cycle annuel et à laquelle on attache rubans et guirlandes.

Les jeunes hommes célibataires vont discrètement déposer à la porte de leur maîtresse un arbuste ou un rameau de feuillage, tandis que les jeunes damoiselles s'occupent à embellir puits, fontaines, fenêtres et portes de guirlandes de fleurs préparées par leurs soins. Quelques paysans superstitieux en profitent pour planter devant leur étable autant d'arbres qu'ils ont de têtes de bétail. L'on prétend que les esprits sylvestres protègent les animaux… et, à une époque où ceux-ci représentent souvent la seule richesse d'un paysan, il va sans dire que tout est mis en œuvre pour les protéger, peu importe l'étrangeté du rituel.

Une fois le village ainsi revêtu de ses plus beaux atours, on peut désormais passer à l'élection d'une reine et d'un roi de Mai[102] parmi les pucelles et les jouvenceaux, la virginité des aspirants étant une condition *sine qua non* pour être élu, tout comme la beauté physique et spirituelle. La reine de Mai se voit remettre une couronne de roses, alors que le roi de Mai reçoit une couronne de feuillage en rappel de l'Homme Vert[103] mort avec l'hiver mais ressuscité en ce jour.

C'est le moment où les damoiselles, vêtues de blanc, se confectionnent des chapelets (petits chapeaux ou couronnes) de fleurs et, par coquetterie, arborent cet ornement floral parfumé. Les jeunes bacheliers s'attachent des petits grelots aux genoux et aux jambes afin de mieux scander la danse. Celle-ci peut alors commencer autour du «Mai». Il s'agit généralement de rondes, ou «carolles», telle *La Reine d'Avril*[104], reproduite un peu plus loin.

Un repas somptueux attend les habitants à la table du banquet. Légumes, fruits, noix, fromages, pains de toutes sortes, hydromel y sont partagés par tous, indépendamment de leur rang social, et si les amoureux se contentent d'amour et d'eau fraîche, les autres en profitent allègrement pour faire bombance.

À la nuit tombante, le roi de Mai allume un grand feu. Chants et danses se poursuivent autour de la flambée, puis, lorsque les flammes le permettent, les couples à marier et les couples d'amoureux, se tenant par la main, sautent par-dessus le brasier[105] en prenant soin de ne pas laisser s'embraser coiffures et vêtements...

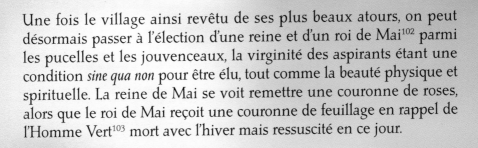

Boulettes de viandes hachées aux épices, en croûte d'amandes et olives noires

Boulettes

Ingrédients

- 300 g d'agneau haché
- 300 g de porc (maigre) haché
- 3 œufs moyens
- 1 cuillère à thé de coriandre en poudre
- 1 cuillère à thé de piment en poudre de jamaique
- ½ cuillère à thé de cumin
- 1 cuillère à thé de clou de girofle en poudre
- 2 gousses d'ail hachées
- 10 ml d'huile d'olive
- 20 g de farine blanche tout usage

Méthode

1. Mélanger la viande hachée et toutes les épices et l'ail.
2. Battre les blancs d'œufs légèrement et les ajouter au mélange.
3. Façonner les boulettes de la taille voulue.

Croûte d'amande

Ingrédients

- 50 g d'amandes en poudre
- 50 g d'olives noires hachées style Calamata

Méthode

1. Mélanger les olives hachées et les amandes en poudre.
2. Ajouter de l'huile d'olive et de la farine de manière à faire coller le mélange.
3. Faire rôtir les boulettes dans une poêle avec de l'huile d'olive.
4. Lorsqu'elles sont cuites, les rouler dans l'appareil à croûte.
5. Recommencer ces deux dernières étapes jusqu'à ce que les boulettes deviennent noires.

La Reine d'Avril[106]

A l'entrada del temps clar, e, y, a
Per jòia recomençar, e, y, a
E per jelós irritar, e, y, a
Vòl la regina mostrar
Qu'el'es si amorosa

A la vi', a la vi', gjelós
Laissatz nos, laissatz nos
Balar entre nos, entre nos.

El' a fait pertot mandar, e, y, a
Non sia jusqu'à la mar, e, y, a
Piucela ni bachalar, e, y, a
Que tuit non vengan dançar
En la dança joiosa

Lo reis i ven d'autra part, e, y, a
Per la dança destorbar, e, y, a
Que el es en cremetar, e, y, a
Que òm non li vòlhe emblar
La regina abrilhosa

Mas per nient lo vòl far, e, y, a
Que ela n'a sonh d'un vielhard, e, y, a
Mas d'un leugier bachalar, e, y, a
Que ben sapcha solaçar
La dòmna saborosa

Qui donc la vezés dançar, e, y, a
E son gent còrs deportar, e, y, a
Ben pògra dir de vertat, e, y, a
Qu'el mont non aja sa par
La regina joiosa

À l'entrée du temps clair, e, y, a
Pour ramener la joie, e, y, a
Et pour irriter les jaloux, e, y, a
La Reine veut montrer
Qu'elle est bien amoureuse

Allez, allez, jaloux
Laissez-nous, laissez-nous
Danser entre nous, entre nous

Elle a fait partout mander, e, y, a
Qu'il n'y ait jusqu'à la mer, y, a
Pucelle ni bachelier, e, y, a
Qui ne vienne danser
En la danse joyeuse

Le roi y vient d'autre part, e, y, a
Pour la danse troubler, e, y, a
Car il est dans la crainte, e, y, a
Que l'on veuille enlever
La Reine d'Avril

Mais elle refuse d'obéir, e, y, a
Car elle n'a pas souci d'un vieillard,
Mais d'un gentil bachelier, e, y, a
Qui sache bien divertir
La dame savoureuse

Qui donc la vit danser, e, y, a
Et balancer son beau corps, e, y, a
Peut dire en vérité, e, y, a
Que dans le monde il n'y a pas sa pareille
À la Reine joyeuse

Cette chanson est, en réalité, une carolle, ou chant dansé. Il s'agit d'une danse très simple accompagnée d'un chant, dont le refrain est repris en chœur par les danseurs. Cette danse s'exécute comme une ronde enfantine, sauf que ce sont les femmes qui doivent inviter les hommes à se joindre à la troupe. Tous se tiennent par la main et dansent en formant un cercle. Il est possible de faire alterner le sens de la danse selon les couplets. Elle s'apparente à la farandole ou à la tresque, lesquelles se résument à de simples chaînes humaines qui déambulent au rythme d'une musique vive et bien cadencée tout en suivant un trajet aléatoire. La reine ou le roi de la fête est généralement la figure de proue de la farandole. Une variante de cette danse propose que les deux meneurs demeurent sur place et joignent leurs mains afin de laisser passer la joyeuse compagnie à laquelle ils se joindront lorsque tous seront passés «sous le pont».

L'été

Non seulement y connaît-on chaleur et lumière, mais encore y récolte-t-on les aliments nécessaires à la vie. Malgré les travaux des champs qui exigent discipline, rigueur et diligence, il est bon de s'arrêter à certains moments pour festoyer. Nos lointains ancêtres l'avaient bien compris ; toutes leurs fêtes estivales en sont des exemples éloquents. Ainsi, c'est de leur sagesse rustique que les quelques solennités que nous exposons ici sont nées. Elles ont vécu et survécu au passage du temps.

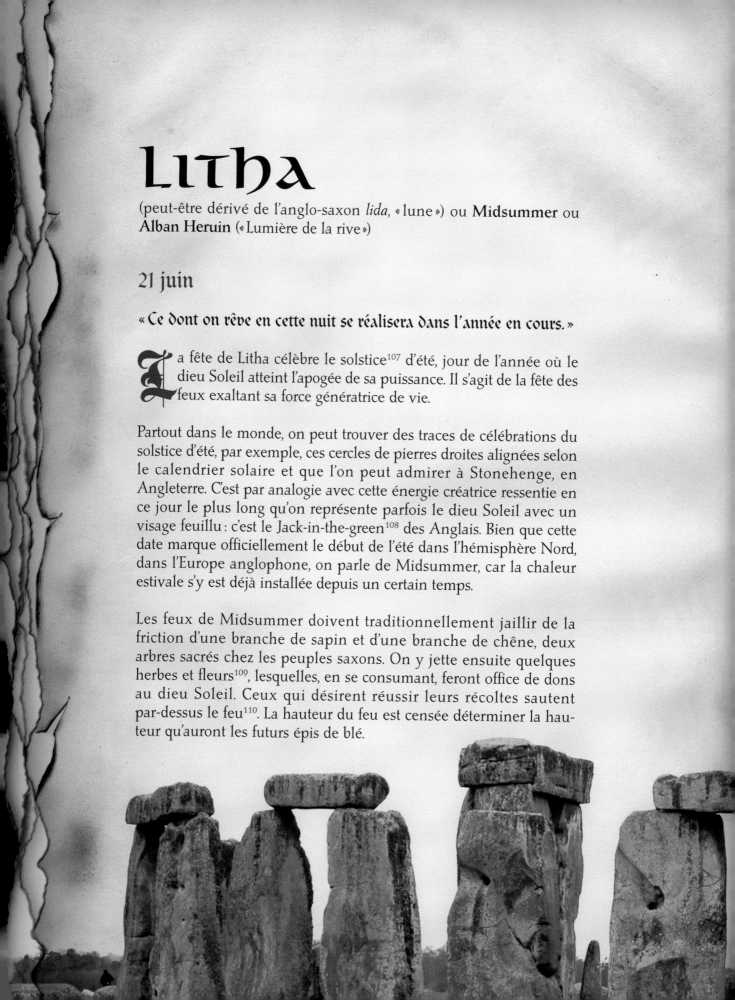

LITHA

(peut-être dérivé de l'anglo-saxon *lida*, « lune ») ou **Midsummer** ou
Alban Heruin (« Lumière de la rive »)

21 juin

« Ce dont on rêve en cette nuit se réalisera dans l'année en cours. »

La fête de Litha célèbre le solstice[107] d'été, jour de l'année où le
dieu Soleil atteint l'apogée de sa puissance. Il s'agit de la fête des
feux exaltant sa force génératrice de vie.

Partout dans le monde, on peut trouver des traces de célébrations du
solstice d'été, par exemple, ces cercles de pierres droites alignées selon
le calendrier solaire et que l'on peut admirer à Stonehenge, en
Angleterre. C'est par analogie avec cette énergie créatrice ressentie en
ce jour le plus long qu'on représente parfois le dieu Soleil avec un
visage feuillu : c'est le Jack-in-the-green[108] des Anglais. Bien que cette
date marque officiellement le début de l'été dans l'hémisphère Nord,
dans l'Europe anglophone, on parle de Midsummer, car la chaleur
estivale s'y est déjà installée depuis un certain temps.

Les feux de Midsummer doivent traditionnellement jaillir de la
friction d'une branche de sapin et d'une branche de chêne, deux
arbres sacrés chez les peuples saxons. On y jette ensuite quelques
herbes et fleurs[109], lesquelles, en se consumant, feront office de dons
au dieu Soleil. Ceux qui désirent réussir leurs récoltes sautent
par-dessus le feu[110]. La hauteur du feu est censée déterminer la hauteur qu'auront les futurs épis de blé.

Chez les Celtes, la déesse-mère[111] est représentée sous les traits d'une femme enceinte qui mettra au monde, à son terme, un enfant : Yule. Dans le folklore saxon, Litha (21 juin) est l'opposé de Yule (21 décembre). La légende veut qu'à Litha le roi du Gui, qui symbolise les jours qui décroissent, et le roi du Chêne se battent pour savoir lequel régnera sur le monde durant les six prochains mois de l'année. Au terme de ce combat, le roi du Gui est déclaré vainqueur. Tout comme Samhain, Litha représente un moment particulier de la roue annuelle, puisque le voile qui sépare le monde physique des mortels du monde métaphysique des créatures féeriques y est le plus mince. Selon la légende, l'être humain peut apercevoir ces créatures magiques qui régentent à la fois l'Autre Monde et le nôtre. La croyance populaire veut que si l'on trempe un bouquet de thym dans de l'huile d'olive et que l'on s'en oint légèrement les paupières, on peut voir des petites fées qui dansent dans la nuit…

Pour les sorciers, c'est la nuit sacrée qui confère des propriétés supérieures aux herbes mystérieuses cueillies parce qu'il s'agit, justement, du moment précédant le lever de l'astre vital dans son énergie la plus intense. Les couper avec une faux ou une serpe est nettement préférable, quoique le plus important consiste à n'en point récolter plus du tiers pour leur permettre de se régénérer. Si vous souhaitez vous livrer à ce rituel, pensez à déposer, sur les lieux de votre cueillette, une offrande pour les petites fées qui vous laissent récolter leurs herbes bénéfiques. Pour ce faire, il suffit de verser sur le sol un peu de lait et de miel. Si des enfants se joignent à la fauche, ils peuvent confectionner des petites maisons de feuillage abritant quelques miettes de pain qu'ils laisseront en cadeau aux elfes et aux fées, qui ne manqueront pas d'en profiter. Quelques jours plus tard, revenez ensemble sur les lieux de votre récolte ; vous serez bien étonnés de constater que les êtres féeriques auront tout mangé et, probablement, « mis la maison sens dessus dessous » par la frénésie de leurs chorégraphies nocturnes. Effet assuré chez les plus petits. Vous pouvez, si vous le souhaitez, ajouter à

la magie du moment en laissant les enfants découvrir un petit présent en guise de remerciement des elfes et des fées (coquilles de mer, jolie pierre colorée, poudre brillante, minuscule bouquet de fleurs séchées, etc.).

Pour les amoureux, le mois de Litha (juin) est l'époque tout indiquée pour célébrer leur mariage[112]. Parce que la « lune de juin » indique le moment propice à la récolte du miel, l'expression « lune de miel » est associée directement aux noces. D'ailleurs, les noix et toute pâtisserie à base de miel trouvent leur place à la table du banquet. Dans le même ordre d'idées, l'hydromel, qui signifie eau et miel, est la boisson par excellence à consommer durant les célébrations de Litha. Pour ceux qui ne souhaitent pas boire d'alcool, nous offrons, un peu plus loin dans ce texte, une autre recette à base de miel : thé glacé à la pomme et au miel[113].

Pour demeurer dans le registre du banquet, les couleurs à l'honneur pour la décoration sont le vert, le jaune et le bleu (mais en moindre quantité) et les fleurs à mettre en valeur sont les pieds-d'alouette, les roses, le millepertuis[114] et les glycines.

Dans l'optique d'un rituel intégré au banquet, prévoyez un petit autel sur lequel seront disposés les éléments du cérémonial. Invitez ceux qui le désirent à vous suivre dans votre démarche en leur rappelant que ceci n'est qu'un divertissement, à l'instar d'une danse ou d'un conte.

Rituel de Litha[115]

Matériel

Encens de jasmin
Brûleur d'encens
Chaudron
Coupe d'eau de source
Pentacle
Dague ou épée
Deux chandelles, une verte et une rouge
Une coupe de vin rouge
Un bâton de marche (consulter les instructions de fabrication présentées un peu plus loin)
Craie blanche

Procédure :

Faire brûler l'encens. Déposer la dague ou l'épée. Tracer un cercle magique sur le sol à l'aide d'une craie blanche. Disposer le chaudron au centre du cercle, puis, debout devant l'autel, le bâton de marche levé vers le ciel, dire :

> Je célèbre, aujourd'hui, le cœur de l'été,
> Ô Grande Déesse, Ô Dieu Tout-Puissant,
> La nature entière vibre de votre énergie,
> Et la Terre s'épanouit à la faveur de l'été.
> Agréez le rituel que je m'apprête à entamer,
> Et purifiez mon esprit afin que je puisse,
> à l'instar de la Nature,
> Me régénérer et évoluer !

Déposer la chandelle verte par terre, à gauche du chaudron. Faire de même avec la rouge en la déposant à droite. Allumer la chandelle verte, puis verser la coupe d'eau dans le chaudron en récitant l'invocation suivante :

> Mère des vertes forêts, je t'implore de bénir cette eau.
> Étoile parmi les astres, roue de tous les destins,
> Je t'honore et t'invoque par tous tes noms,
> Connus et inconnus.

Allumer ensuite la chandelle rouge en récitant ces paroles :

> Puissant Dieu Soleil, dieu de la fertilité et de l'abondance,
> Joins-toi à moi maintenant et selon mon vœu.
> Je t'honore et je fais appel à toi par tous tes noms,
> Connus et inconnus.

Étendre les mains au-dessus du chaudron et prononcer ces mots :

> Ceci est le chaudron sacré de la Triple Déesse.
> Le toucher de son eau consacrée bénit et fait renaître,
> De même que les rayons du Soleil nourrissent
> et protègent toute forme de vie.

Passer les mains entre les chandelles tout en faisant un vœu. Prendre le chaudron et le déposer sur une petite table ou sur un tabouret, de manière à pouvoir circuler entre les chandelles. Revenir au point de départ. Faire quelques pas entre les chandelles en direction du chaudron. Tremper l'index droit (pour les droitiers ; le gauche, pour les gauchers) dans l'eau sanctifiée et tracer un pentacle sur son front. Agenouillé devant l'autel sacré, réitérer l'offrande de sa vie aux dieux anciens en proclamant :

Je servirai la Grande Déesse
et révérerai le Dieu Tout-Puissant.
Je suis une pierre de l'ancien cercle,
Me tenant fermement en équilibre sur la Terre,
Pourtant exposée aux vents des Cieux
Et à la permanence du Temps.
Puissent les Dieux Anciens être témoins de mes paroles !

Se lever et aller chercher la coupe de vin, la soulever quelques instants, puis la déposer sur le pentacle en professant :

Honneur aux Dieux Anciens !
Joyeuse rencontre et joyeuse séparation !
Et encore joyeuses retrouvailles !

Reprendre la coupe et boire le vin en en laissant une partie en offrande pour le petit peuple des bois. En délégation, après le rituel, se rendre à l'extérieur et verser quelques gouttes de vin à l'orée d'un bois ou, plus simplement, sur l'herbe.

Thé glacé à la pomme et au miel

Ingrédients

- 4 sachets de thé noir
- 1/3 de tasse de miel
- 3 tasses de jus de pomme non sucré
- Quelques tranches de citron
- 3 tasses d'eau bouillante

Préparation

1. Dans un grand chaudron, verser l'eau et les sachets de thé. Amener l'eau à ébullition. Bien brasser. Ôter les sachets et retirer le chaudron du feu. Ajouter le miel et le jus de pomme. Laisser refroidir. Servir dans des verres, sur des cubes de glace, en ajoutant une rondelle de citron à titre décoratif.

Comme dans tout rituel de sabbat, la confection de talismans ou de décorations occupe une place de première instance. Voici quelques marches à suivre afin de créer des objets simples, typiques des célébrations de *Litha*. Ils ajoutent à l'atmosphère fabuleuse de tout banquet.

Œil de Dieu[116]

Matériel

2 bâtonnets (ou gougeons) de bois de même longueur
Ficelle colorée ou rubans de diverses couleurs
Ciseaux
Colle
Attache

Préparation

Placer les deux bâtonnets l'un sur l'autre de manière à obtenir une croix dont toutes les branches auront la même longueur. Fixer en enroulant ficelle ou ruban autour du centre de manière à obtenir un «œil». Après avoir enduit l'une des branches de colle, l'enrouler avec le fil de couleur. Refaire la même chose avec chacune des branches en alternant les couleurs. Terminer en faisant un petit nœud au bout de chaque branche. Prévoir une attache pour pouvoir suspendre l'œil de Dieu.

Symbolique

L'œil de Dieu symbolise le regard du Soleil. La branche du haut représente le solstice d'été, celle du bas, le solstice d'hiver, la branche de gauche symbolise l'équinoxe d'automne, alors que son opposée désigne l'équinoxe de printemps.

Bâton de marche

Matériel

Un bâton (d'une quelconque essence de bois) mesurant de 4 à 5 pieds de longueur et environ 2 pouces de diamètre
Lanières de cuir (cordons[117])
Perles de bois (facultatif)
Peinture noire (facultatif)
Pinceau fin (facultatif)
Petite boule de cristal (facultatif)
Papier émeri
Ciseaux
Couteau (facultatif)
Colle

Préparation

Choisir un bâton de bois suffisamment robuste pour pouvoir supporter le poids de la personne qui l'utilisera comme bâton de marche. (Il ne doit pas avoir de points faibles : fente, pourriture, champignon, etc.) L'ébrancher. Retirer l'écorce. Le poncer à l'aide de papier émeri afin d'en retirer les échardes. Au sommet du bâton, fixer la boule de cristal (le cas échéant) avec de la colle et des lanières de cuir. Enrouler le sommet du bâton avec les cordons de cuir en en laissant pendre quelques bouts. Accrocher à ces bouts les perles de bois. Graver au couteau ou écrire au pinceau quelques symboles (runiques, par exemple) achevant de personnaliser le bâton de marche. Teindre, si désiré.

Symbolique

Ce bâton, utilisé par les Celtes, sert à guider le marcheur parmi les obstacles naturels du chemin menant aux herbes magiques. S'il est consacré, il peut aussi servir de « baguette magique ».

Couronne de plumes

Matériel

Plumes jaunes (symbole de prospérité)
Plumes rouges (symbole de la déesse de la fertilité)
Cure-pipes jaune ou rouge
Ciseaux
Colle chaude
Fil à tisser jaunes ou rouges (facultatif)
Bride

Préparation

Prendre trois cure-pipes et les tresser ensemble. En tresser suffisamment pour que, mis de bout en bout, ils puissent donner une couronne de la taille souhaitée. Solidifier les points d'ancrage avec d'autres cure-pipes. Enduire les plumes de colle chaude, puis les disposer tout autour de la couronne en veillant à alterner les couleurs. Ajouter, au besoin, du fil (à tisser) de la même couleur que les cure-pipes afin de consolider l'ancrage des plumes. Prévoir une bride qui servira à suspendre la couronne.

Symbolique

Les couronnes de plumes symbolisent la fertilité et la prospérité. Considérées comme des talismans, elles servent à bénir les demeures et à assurer aisance et fécondité à leurs occupants. Elles sont aussi la métaphore de la déesse-mère en qui se renouvellent, annuellement, toutes les étapes menant à la renaissance de la vie.

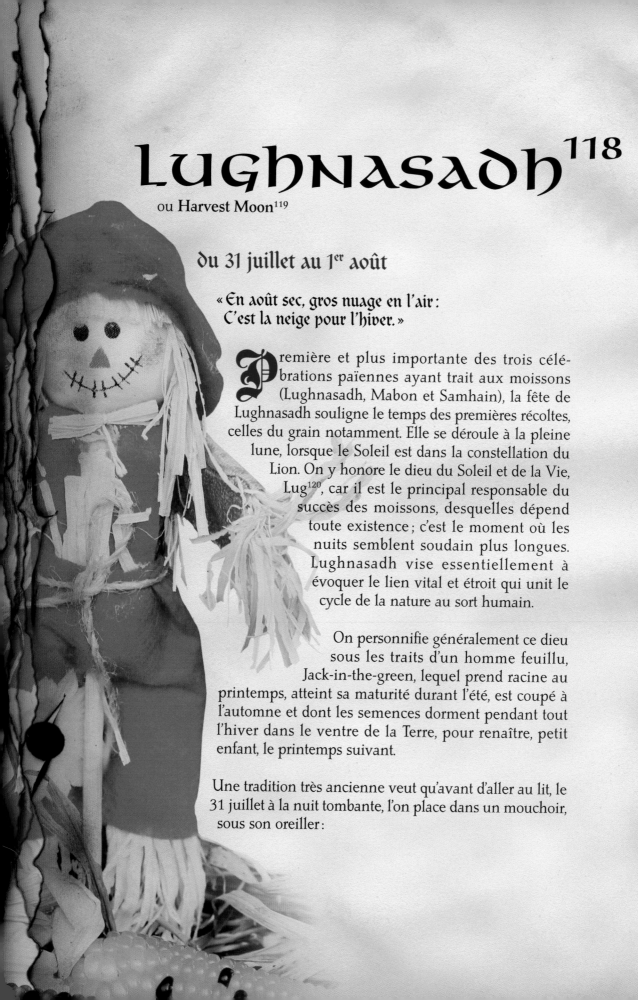

Lughnasadh[118]

ou **Harvest Moon**[119]

du 31 juillet au 1er août

« En août sec, gros nuage en l'air :
C'est la neige pour l'hiver. »

Première et plus importante des trois célébrations païennes ayant trait aux moissons (Lughnasadh, Mabon et Samhain), la fête de Lughnasadh souligne le temps des premières récoltes, celles du grain notamment. Elle se déroule à la pleine lune, lorsque le Soleil est dans la constellation du Lion. On y honore le dieu du Soleil et de la Vie, Lug[120], car il est le principal responsable du succès des moissons, desquelles dépend toute existence ; c'est le moment où les nuits semblent soudain plus longues. Lughnasadh vise essentiellement à évoquer le lien vital et étroit qui unit le cycle de la nature au sort humain.

On personnifie généralement ce dieu sous les traits d'un homme feuillu, Jack-in-the-green, lequel prend racine au printemps, atteint sa maturité durant l'été, est coupé à l'automne et dont les semences dorment pendant tout l'hiver dans le ventre de la Terre, pour renaître, petit enfant, le printemps suivant.

Une tradition très ancienne veut qu'avant d'aller au lit, le 31 juillet à la nuit tombante, l'on place dans un mouchoir, sous son oreiller :

une clé;

un anneau;

une fleur;

une pousse de saule;

un petit morceau de gâteau;

une croûte de pain;

la carte du 10 de trèfle;

le 9 de cœur;

l'as de pique;

l'as de carreau.

Lorsque, cette nuit-là, on rêve d'orage, c'est qu'un contretemps arrivera prochainement. Si, au contraire, on voit un anneau ou un as de carreau en songe, c'est, respectivement, signe de mariage prochain ou de nouvel emploi. Un trèfle, c'est la chance; un pique, l'adversité. Quand, au cours d'un rêve, il est question de gâteau, c'est que la prospérité est proche; s'il s'agit, au contraire, d'une croûte de pain, ce sont des temps d'insécurité financière qui s'annoncent. Mais les fleurs vues en rêve symbolisent la joie, alors que le saule présage un chagrin d'amour.

Lors des célébrations liées à Lughnasadh, les gens partagent le pain fait des premiers grains de céréales récoltés; ils confectionnent des objets artisanaux, dont des poupées de maïs[121], font des processions, chantent, s'adonnent à des joutes verbales[122] et s'amusent à interpréter la danse du maïs[123] pour le plus grand bonheur de tous. On y fait aussi bon usage du fruit de la vigne. C'est le temps du répit avant d'entreprendre les dernières corvées estivales, telles que la réparation des demeures, la conservation des aliments à consommer durant l'hiver, la fabrication des chandelles, etc.

La confection des poupées de maïs constitue une activité importante des festivités. Dans les villages, les jeunes filles les confectionnent en utilisant, principalement, l'enveloppe végétale du maïs[124] ainsi que tous les éléments naturels susceptibles de servir à l'habillage. Elles miment, par ces petits gestes simples effectués dans le plus grand secret, le travail de conception de la déesse-mère. Durant le banquet, les femmes les plus âgées du village jugent la qualité des poupées en fonction de leur ressemblance avec une véritable femme. La poupée choisie a l'honneur de personnifier la déesse et de présider au banquet et à la danse qui suivent. Quant à la jeune fille gagnante (celle qui a confectionné le meilleur sosie), elle est déclarée reine du festival. Les poupées non sélectionnées sont offertes à la déesse, puis brûlées dans le feu rituel avec quelques morceaux de pain réservés à Lug.

Au Moyen Âge, à cette époque-ci de l'année, c'est le temps des foires, de l'étalage des produits artisanaux à vendre, de la décoration des échoppes. Partout s'affichent de vives couleurs (le vert, l'orange, le rouge et le jaune, en particulier) et des rubans multicolores. Les paysans se vêtent de couleurs vives, et un soin particulier est apporté aux colliers, parures de tête et maquillages.

Les tables du banquet sont décorées de gerbes de blé, d'outils de moissonneur (faux, faucilles, fléau), de grains, de pains, de légumes et de fruits frais, de fleurs de tournesol[125], de chandelles (jaunes, vertes et orange), sans oublier la traditionnelle poupée de maïs. C'est un festival pour la vue, mais aussi pour l'odorat puisque des effluves d'encens de santal et de rose baignent l'atmosphère. Le goût n'est pas en reste durant le banquet ; ainsi, les papilles gustatives peuvent savourer pain de campagne, agneau rôti, riz, petits fruits frais des champs, tartes aux fruits, tisane, vin, bière…

Dans les civilisations anciennes, le grain récolté est une manifestation de la force divine. Les pains et les bières incarnent le mystère de la transformation et de la métamorphose du grain sous l'action de la chaleur du feu. À cet égard, le four revêt un caractère sacré, étant le récipient à l'intérieur duquel la vie se transforme, et symbolise le mystère féminin puisqu'il peut être comparé à un utérus.

Une étrange coutume veut qu'une roue de bois soit enflammée, puis poussée du haut d'un coteau. Le feu roulant rappelle la fin de l'été ; le disque de feu qui dévale la pente évoque le disque solaire sur son déclin.

Collier de grains

Matériel

Plusieurs fèves séchées et grains de différentes tailles et de différentes couleurs
1 mètre de fil à broder ou de soie dentaire par collier
1 aiguille à broder
Ciseaux

Préparation

La veille de l'activité de bricolage, faire tremper les fèves et les grains toute la nuit afin de les faire ramollir. Le lendemain, les égoutter et, à l'aide d'un fil et d'une aiguille, transpercer les fèves et les grains ensemble en les alternant, de manière à former une grande guirlande. Lorsque celle-ci a atteint la longueur désirée pour un collier (ou un bracelet), couper le fil et nouer. Suspendre, laisser sécher, puis… porter.

Poupée de maïs

Matériel

Carton
Ciseaux
Corde de chanvre (ou foin de mer, ou laine) pour simuler les feuilles de maïs

Déroulement

Découper un rectangle de carton rigide mesurant 8 cm de large par 15 cm de long. En découper un autre de 5 cm de large par 12 cm de long. Autour du carton le plus grand et dans le sens de la longueur, enrouler très serré une importante quantité de laine. Lorsque le tout a atteint une épaisseur suffisante, passer un bout de ficelle sous les fils de laine et nouez les bouts afin d'attacher le corps de la poupée. Faites la même chose avec le second carton ; il s'agira des bras de la poupée. Retirer délicatement le carton supportant cet écheveau de laine. Attacher chaque extrémité. Insérer ensuite les bras à travers le corps, sous la tête, puis retirer le premier carton avec prudence. Attacher à l'aide d'un fil de laine le dessus et le dessous des bras afin de les lier au corps. Couper l'extrémité des bras pour simuler les doigts, de même que le bas de la poupée, de manière à obtenir une jupe frangée.

Pain de Maïs

Ingrédients

- 1 tasse de farine de maïs
- ½ tasse de farine de blé
- 2 cuillères à thé de poudre à pâte
- 1 cuillère à thé de sel
- 1 cuillère à thé de sucre
- ½ tasse de beurre
- 2 œufs moyens
- 1 tasse de lait

Méthode

1. Préchauffer le four à 400° F (200° C).
2. Mélanger les 6 premiers ingrédients dans un grand bol.
3. Dans un second récipient, verser le lait et les œufs battus.
4. Incorporer délicatement le liquide au mélange de farine avec une cuillère en bois pour éviter les grumeaux, jusqu'à l'obtention d'un mélange homogène.
5. Verser la pâte dans un moule à gâteau.
6. Cuire pendant 25 minutes.

Tourte d'agneau aux salsifis

Pour 6 personnes

Ingrédients

- 250 g de pâte brisée
- 200 g bœuf coupé en dés
- 200 g de porc coupé en dés
- 400 g de salsifis
- 1 oignon
- ½ litre de bouillon de viande
- 1 cuillère à thé de gingembre en poudre
- 1 cuillère à thé de piment d'Espelette
- sel et poivre
- 1 œuf délayé avec de l'eau pour la dorure

Méthode

1. Mélanger les viandes, l'oignon coupé en dés, les épices, le sel et le poivre.
2. Laisser macérer 24 heures au réfrigérateur.
3. Éplucher les salsifis, les couper en tronçons et les mettre à cuire dans du lait (ou de l'eau) pendant quinze minutes.
4. Après 24 heures, ajouter les salsifis au mélange.
5. Diviser la pâte brisée en deux.
6. Foncer le moule à tourte beurré avec la moitié de la pâte.
7. Garnir le fond avec le mélange de viande.
8. Couvrir avec le reste de la pâte et faire une petite cheminée avec un morceau de carton que vous laisserez en place.
9. Ajouter le bouillon jusqu'à hauteur de la cheminée.
10. Dorer la pâte du dessus avec l'œuf à l'aide d'un pinceau.
11. Enfourner dans un four de 400° F (200° C) pendant 35 minutes.
12. À partir du moment où le bouillon entre en ébullition, baisser le four à 325° F (160° C).
13. Laisser cuire une heure et demie et servir chaud.

L'automne

Saison de joie et de tristesse, l'automne est coloré dans tous ses aspects. En effet, c'est à l'automne que la nature présente ses plus beaux atours, mais c'est aussi à l'automne qu'elle les perd. En ses débuts, la faune foisonne et la flore s'épanouit ; en sa fin, la nature sommeille. Le soleil s'affadit peu à peu, cédant le pas à la nuit froide. Les paysans s'apprêtent à hiverner avec leurs bêtes. Pour les uns comme pour les autres, le temps des restrictions commence et c'est dans l'inquiétude, omniprésente, de manquer de nourriture qu'ils useront de leurs réserves avec parcimonie durant l'hiver. Le tableau ainsi dépeint semble bien terne, mais c'est faire abstraction de la détermination, de la force de caractère et de la bonhomie de ces héros du Moyen Âge. Ils cherchent continuellement un aspect bénéfique à toute situation, acceptant avec résignation la nécessité du cycle annuel. Ainsi leur conception positive de la torpeur automnale réside-t-elle dans l'obligation du repos et de l'intériorisation, comme en font foi les célébrations qui ponctuent leur vie à cette époque de l'année.

MABON[126]

ou **Alban Elved**, ou **Night of the Hunter**[127]

21 septembre

« Ce que le mois d'août n'a pas mûri,
Ce n'est pas septembre qui le fera. »

Célébrée durant l'équinoxe d'automne, Mabon est la deuxième des trois fêtes marquant le temps des récoltes. Moment de l'année où la nature donne ses plus beaux fruits, c'est aussi l'époque où le jour bascule dans la nuit, où l'extérieur se replie vers l'intérieur, où le temps cesse d'être physique pour devenir métaphysique… Les paysans de tradition celtique y voient une excellente occasion de remercier la déesse-mère pour la prodigalité de ses bienfaits.

Pour l'occasion, la dernière brouette de grains récoltés est décorée de fleurs, de guirlandes et de piécettes de monnaie, et portée en triomphe jusqu'au lieu du banquet par de vaillants jeunes gens. De la même manière, l'on conserve précieusement les derniers épis qui ont – paraît-il – le pouvoir de préserver de la famine. De même, si un animal bovin tombe soudainement malade, ces ultimes rameaux, donnés en remède, ont le pouvoir de lui faire recouvrer la santé.

La table est recouverte de la traditionnelle nappe de coton sans couleur sur laquelle courent lierre et vigne ; entremêlées, des feuilles colorées de diverses essences d'arbre complètent ce décor floral naturel. Des rubans aux nuances de terre agrémentent des bouquets d'épis de blé bien mûrs fichés dans des amphores de terre cuite (ou dans des cornes d'abondance), et des vasques d'eau pure et fraîche – éléments dominants des célébrations automnales – sont disposées çà et là, en rappel des sources génératrices de vie. Une balance à plateau reposant au centre de la table rappelle la constellation qui domine l'horoscope en cette période de l'année et évoque l'équilibre entre les éléments de la nature. On peut également y voir un symbole de la justice universelle, où ce que l'on récolte est proportionnel à ce que l'on a semé. Des bougies jaunes et orange confèrent lumière et chaleur au décor.

Le banquet débute par une réflexion collective sur le sentiment d'accomplissement que l'on ressent au terme d'un été d'intense labeur. Subséquemment, ceux qui le désirent expriment leur gratitude à la déesse-mère pour ses précieux dons en des termes semblables à ceux-ci :

> Ô ! toi, Grande Déesse, toi, la Mère de toute vie qui gouverne le cycle de la Nature, apprends-nous à reconnaître en chaque chose la part qui est la meilleure. Amène-nous sur le chemin de la réflexion profonde et ouvre notre conscience aux mystères de la vie et de la mort. Par-dessus tout, accorde-nous la grâce de souhaiter uniquement ce que nous pouvons obtenir et donne-nous la sérénité dans l'acceptation de ce que nous ne pouvons changer.

Puis, on enflamme l'encens[128] de sauge ou de myrrhe qui contribue à la propagation des prières dans les airs, et chacun entame avec appétit les mets préparés par chaque famille et mis en commun pour le bénéfice de tous.

Le pain fait partie des éléments figurant au centre de la ripaille, de même que le vin, boisson sacrée par excellence. Dans des bols en bois (de préférence) sont offertes noix et baies que les convives peuvent déguster tout au long du repas. La viande de cerf y est particulièrement prisée, car le gros gibier fait l'objet d'une chasse intense à cette époque de l'année. Cependant, la volaille demeure toujours fort appréciée[129]. Du raisin et des pommes à profusion – dont les délicieuses pommes grenades – garnissent la table, ainsi que toutes sortes de légumes et de fruits saisonniers frais.

On peut clore le banquet en offrant aux esprits des bois les restes du repas. Il s'agit simplement d'aller, en délégation, déposer avec respect l'objet des libations au pied de certains arbres. Chez certains peuples, on tend un filet entre deux arbres orientés vers l'ouest dans l'espoir d'y emprisonner le soleil et, ainsi, de faire durer le jour un peu plus longtemps. En ce temps de l'année, point de danses éperdues ni de transes mystiques ; rien que le repos du corps et la sérénité de l'âme, rien que ce qui est vital.

La légende de Herne le Chasseur

À l'époque du roi Richard II d'Angleterre, vivait un homme nommé Herne. Gardien de la forêt de Windsor, il était réputé pour ses grandes qualités de chasseur veneur[130]. Il était d'ailleurs le chasseur préféré du roi. Un jour qu'il chassait en compagnie du monarque, il advint qu'un cerf aux abois menaça d'encorner Richard. Se portant à la défense de son seigneur, Herne accusa le coup avant d'abattre l'animal ; il fut blessé à la place du roi. Mortellement atteint, il sentit venir sa mort prochaine. C'est alors qu'un mystérieux passant, se saisissant de la ramure de l'animal mort, l'attacha sur la tête de Herne qui recouvra immédiatement la santé. En échange, l'étrange guérisseur exigea que Herne lui fît cadeau de ses aptitudes exceptionnelles de chasseur, ce qu'il fit. En perdant ses dons, Herne perdit aussi la raison ; de plus, il conserva toujours, soudées à son crâne, les cornes du cerf maudit. Inconsolable de n'être plus capable de faire ce qu'il aimait par-dessus tout, Herne s'enfuit vers sa forêt chérie et se pendit à un grand chêne où un marchand ambulant découvrit sa dépouille. La légende raconte que, la nuit du 21 septembre, son fantôme revient hanter toute personne qui marche dans les bois. On dit aussi que ses lamentations déchirantes ressemblent aux bramements du cerf…

Nectar des moissons sans alcool

Ingrédients

- 1 boîte de jus de canneberge concentré
- 2 cuillères à soupe de jus de citron
- 100 g de sucre
- 1 orange
- 1 lime
- 1 citron

- 1 poire
- 1 pomme
- 1 litre de limonade fraîche
- ½ litre de jus d'orange
- glaçons

Méthode

1. Éplucher les fruits et les couper en petits morceaux.
2. Mélanger tous les ingrédients, sauf la limonade et les glaçons.
3. Brasser et laisser reposer quatre heures, ensuite, ajouter la limonade et les glaçons.
4. Servir très frais.

Capilotade

Ingrédients

- 4 poitrines de poulet
- 4 tranches de pain de campagne
- 4 gousses d'ail
- 200 g de poivrons rouges rôtis coupés en lamelles
- 150 g de fromage cheddar râpé
- 500 ml de bouillon de poulet
- 1 pincée de muscade
- sel et poivre
- huile d'olive

Méthode

1. Porter le bouillon à ébullition et y pocher le poulet pendant dix minutes.
2. Sur une plaque à four, disposer les tranches de pain, préalablement frottées à l'ail.
3. Intercaler poulet et poivron rouge.
4. Saupoudrer de muscade et assaisonner.
5. Finir avec le cheddar sur le dessus.
6. Faire gratiner la tartine au four en mode *grill*, jusqu'à obtention d'une coloration légère.

samhain

(de l'ancien irlandais *Sam fhuin*, c'est-à-dire «fin de l'été») ou **Samonios**

31 octobre au 1er novembre

C'est dans la nuit du 31 octobre au 1er novembre que les peuples celtes fêtent les dernières récoltes et l'avènement de la nouvelle année. Samhain, la plus importante de toutes les fêtes celtiques, marque en effet le début d'un cycle qui recommence; une période de gestation qui débute dans l'obscurité de l'hiver, un moment où les troupeaux rentrent au bercail. La mort et la vie naissante se côtoient alors intimement. Les récoltes sont emmagasinées, les réserves de bois et de tourbe pour l'alimentation du feu ont été renouvelées. L'atmosphère est à la gaieté et au contentement. C'est le moment idéal pour honorer la mémoire des ancêtres en allant visiter le lieu de leur sépulture et entrer en contact avec les êtres de l'Autre Monde. Ceux-ci, l'espace de quelques heures, sont autorisés à passer de leur univers au nôtre, nous rappelant la précarité de notre présence sur Terre. Pour faciliter ce voyage, il importe de baliser avec des lampions le pourtour du lieu des libations puis, par déférence envers la mémoire des ancêtres, on ouvre portes et fenêtres afin de leur faciliter la visite, l'espace de quelques heures, des lieux où ils ont vécu.

Les célébrations se déroulent différemment selon le groupe social auquel on appartient mais, d'une façon générale, elles débutent par l'extinction des feux de chaque âtre. Puis, en procession dans la nuit noire, les participants marchent jusqu'au site où brûle le feu sacré, lieu où se déroulent toutes les festivités (en général sur une colline). Ils peuvent, s'ils le désirent, avoir en leur possession un objet représentant un défaut ou un trait de caractère dont ils souhaitent se départir. Arrivés à destination, ils forment un grand cercle autour des flammes puis, dans le silence de la nuit, le «druide» éteint le feu. Il invite les participants à penser aux ancêtres et aux êtres chers décédés, puis à solliciter leur aide pour toute affaire nécessitant un secours surnaturel. Il aborde brièvement le concept d'obscurité et amène l'assemblée à vivre durant quelques instants l'intériorité que cette obscurité favorise. Ensuite, à l'aide de branches de chêne sèches, il allume un feu nouveau duquel chaque chef de famille, à la fin du banquet, extraira un tison pour le rapporter en sa demeure et enflammer son âtre à nouveau. Ce geste symbolise la naissance après la gestation, l'année nouvelle après un cycle achevé, la victoire de la vie sur la mort, de la lumière sur les ténèbres. Après quoi, chacun enterre ou jette dans le feu sacré son objet symbolique en prenant conscience du défaut dont il se départit. Ce rite s'apparente aux semailles d'hiver, effectuées à ce même moment de l'année, et assure une croissance davantage matérielle que spirituelle. Au petit matin, on récolte les cendres du grand brasier et, avant que les gelées arrivent, on saupoudre les champs à cultiver de cette poudre aux propriétés protectrices.

Le repas du banquet peut désormais commencer, pourvu que tous les membres de la communauté soient présents. Les dames dans une pièce et les messieurs dans une autre, histoire de ne pas freiner l'ardeur verbale des uns et des autres… Aucune bagarre, aucune violence n'y est tolérée. De plus, quiconque n'assiste pas à ce repas est passible de la peine capitale !

La table, décorée du noir de la nuit, du blanc de la renaissance et de l'orange des premières lueurs de l'aube, est remplie de victuailles. Des fleurs de chrysanthème et des œillets d'Inde se mêlent aux épis séchés. Des bougies orange et noires sont fichées dans des pommes servant de bougeoirs. Quelques gros navets évidés, dans lesquels des visages horribles ont été découpés, abritent des lampions ; les silhouettes fantomatiques qui se dessinent à la lueur des bougies tiendront les mauvais esprits loin de la table. Chaque convive a sa place bien marquée d'un tranchoir, mais il importe de conserver une place vacante pour les esprits qui souhaiteraient se joindre à la ripaille. Un encensoir diffuse les effluves de verveine officinale et d'oliban, respectivement dans une proportion de 95 % et de 5 %. De la musique festive accompagne les rumeurs de la nuit. Le banquet peut commencer.

Durant le service des mets, les convives ont le plaisir de goûter à toutes sortes de légumes saisonniers apprêtés avec soin. Le «queux» privilégie cependant les légumes à racines qui sont censés communiquer entre le monde souterrain et la surface de la terre. La viande de porc[131] ou de sanglier y tient une place particulière puisqu'il est l'animal de prédilection des dieux Lug – dieu de la Lumière – et Dagda – dieu du Temps et de l'Autre Monde. Les pommes, symboles d'amour et de fertilité, sont apprêtées à toutes les sauces, car elles sont considérées comme les fruits sacrés des dieux. Est aussi considérée comme sacrée toute boisson alcoolisée qui rend léger l'esprit de l'homme. Par conséquent, il est de mise d'user de vin, de bière et – divin entre tous – d'hydromel. Chez les Irlandais, on sert également le *callcannon*, plat traditionnel composé principalement de panais[132] – aliment de base chez les gens du peuple – et de pommes de terre. Cette purée, dans laquelle il est coutume d'insérer une poupée miniature, un anneau, un dé à jouer ainsi qu'une pièce de monnaie, est dite «divinatoire». Le convive qui obtient une part de *callcannon* contenant l'un de ces quatre objets détient le secret d'une facette de son avenir prochain. Les prophéties sont réalisables durant la nouvelle année. En voici les interprétations :

La poupée miniature : un bébé à naître.
L'anneau : un mariage à venir.
Un dé à jouer : rien de nouveau.
La pièce de monnaie : beaucoup d'argent.

Cet usage confirme que les jeux et les divinations sont bien à l'honneur à l'occasion de Samhain. On dit d'ailleurs qu'un enfant qui naît à Samhain vient au monde avec le don de clairvoyance.

Au cours de ces réjouissances et divertissements, certaines peuplades celtes – dont les irréductibles Gaulois – se déguisaient en personnages effrayants et adoptaient des attitudes susceptibles de faire fuir les esprits mauvais qui pouvaient rôder aux alentours, à moins que ce ne fût pour passer incognito aux yeux des revenants menaçants… Dans d'autres sociétés celtiques, les moins fortunés de la communauté, se constituant en un groupe de personnages masqués ou peinturlurés, passaient de chaumière en chaumière afin de récolter une part du festin des mieux nantis, au nom des morts qu'ils représentaient. Ils prenaient ainsi part aux réjouissances collectives sous le couvert de l'anonymat. Tout homme qui refusait la charité demandée au nom des défunts commettait une impiété et s'exposait aux foudres vengeresses[133] des esprits affamés…

Il existe, dans l'île mythique d'Avalon (lieu de l'Autre Monde), un pommier féerique dans les branches duquel Lug fit sa première apparition. Pour cette raison, les pommes qu'on y cueille regorgent de potentiel magique. En manger une confère le pouvoir de lire l'avenir. Le jeu de la pomme magique d'Avalon, qui remonte à la nuit des temps, constituait à l'origine une cérémonie initiatique, d'où la quête de la pomme « à l'aveugle ». L'immersion de la tête dans le Chaudron de régénération tient lieu de baptême.

La pomme magique d'Avalon

Matériel
Un grand bassin d'eau potable
12 pommes
1 bandeau pour les yeux

Nombre de participants
Autant de personnes que souhaité.

But du jeu
Réussir à croquer une des pommes flottant dans l'eau le plus rapidement possible.

Déroulement
Les mains derrière le dos, les yeux bandés, le participant s'approche du bassin dans lequel flottent les pommes. Au signal (donné par le « druide »), il plonge sa tête dans le bassin et tente d'attraper une pomme avec ses dents. Chaque participant a droit à trois essais. Le gagnant est celui qui réussit à croquer l'une des pommes sans la laisser échapper. Il conserve précieusement sa pomme magique qui, si elle est utilisée de la façon suivante, devient un précieux objet de divination.

La pomme divinatoire

Déroulement

Dans une pièce uniquement éclairée par une chandelle, avant le premier coup de minuit, s'asseoir dos à un miroir. Dans le silence le plus complet, méditer sur une question dont on souhaite ardemment connaître la réponse, puis couper la pomme en neuf parts (le plus égales possible). Consommer huit des neuf morceaux et lancer le morceau restant par-dessus son épaule gauche. Tourner la tête dans la même direction, puis fixer l'image projetée dans le miroir en plissant légèrement les yeux. L'ombre que la lumière de la chandelle y fait naître adopte une forme. Cette silhouette contient la réponse souhaitée. Il s'agit simplement de savoir l'interpréter…

Une vieille coutume écossaise veut que deux noix, lancées dans un brasier, présagent de la vie d'un couple.

Les noix prophétiques

Matériel

2 noix de Grenoble dans leur coquille
1 feu

Déroulement

Les amoureux en couple lancent deux noix dans un feu. Si celles-ci se consument jusqu'à produire des cendres, l'amour persistera et leur vie sera remplie de félicité. Si, par contre, les coquilles se fendent ou éclatent sous l'effet de la chaleur, leur union ne durera pas ou ils connaîtront des moments difficiles.

Soupe de pois cassés à la saucisse de porc

Pour 4 personnes

Ingrédients

- 250 g de pois cassés
- 1 oignon
- 3 gousses d'ail
- 50 g de lard
- 1 feuille de laurier
- sel et poivre
- 1 litre de bouillon de légumes
- huile d'olive
- 200 g de saucisse de porc
- 4 tranches de pain de campagne grillées

Méthode

1. Dans une marmite, faire revenir sans coloration l'oignon haché, l'ail, le lard et la feuille de laurier.
2. Y incorporer les pois cassés.
3. Mouiller jusqu'à hauteur avec le bouillon de légumes.
4. Laisser cuire une heure.
5. Si nécessaire pendant la cuisson, rajouter du liquide.
6. Dix minutes avant la fin de la cuisson, mettre les saucisses à cuire dans la soupe.
7. Pendant ce temps, faire griller les tranches de pain préalablement frottées à l'ail.
8. Lorsque les saucisses sont cuites, assaisonner.

Présentation

1. Dans quatre bols, disposer les tranches de pain, mettre la saucisse dessus et couvrir avec la soupe.
2. Finir avec un filet d'huile d'olive, et un tour du moulin à poivre.

Filets de porc à la purée blanche et sauce au poivre

Pour 4 personnes

Ingrédients

- 500 g de filets de porc
- 500 g de poireaux
- 1 oignon
- ½ litre de lait
- 60 g de poudre d'amande
- sel et poivre

Purée

Méthode

1. Faire revenir les oignons avec un peu de beurre.
2. Ajouter les blancs de poireaux émincés, les cuire sans coloration.
3. Dans une casserole, délayer la poudre d'amande et le lait.
4. Porter à ébullition jusqu'à ce que le mélange épaississe.
5. Ajouter ce mélange au blanc de poireaux émincés et laisser cuire 10 minutes en remuant de temps en temps.

Porc

Méthode

1. Dans une poêle bien chaude, faire revenir le filet de porc après l'avoir préalablement assaisonné.
2. Après coloration, le mettre au four à 400° F (200° C) pendant sept minutes.
3. Le sortir et le laisser reposer deux à trois minutes dans une assiette.

Sauce

Ingrédients

- 1 échalote française
- 1 branche de thym
- 1 feuille de laurier
- 200 ml de vinaigre de vin rouge
- ½ litre de bouillon de bœuf
- 5 grains de poivre
- sel

Méthode

1. Faire revenir dans un peu d'huile l'échalote coupée en dés, le thym, le laurier et les grains de poivre.
2. Mouiller au vinaigre et faire réduire de moitié.
3. Arroser de bouillon de bœuf.
4. Cuire 30 minutes et passer au chinois.
5. Réserver au chaud.

Présentation

1. Couper le filet de porc en tranches.
2. Dans un plat de service, disposer la purée au fond, y déposer le porc et le napper de sauce.
3. Servir chaud.

halloween

(de l'anglais All Hallows' Eve, signifiant «veille de la Toussaint[134]»)

31 octobre au 1er novembre

«Vilaine veille de Toussaint
Ne présage rien de bien.»

S'il est vrai qu'Halloween, sous sa forme contemporaine, se passe de présentation, on ne peut pas en dire autant de ses origines. Héritée de la tradition celtique, cette fête s'appelle tout d'abord Samhain[135] chez les peuples d'Irlande préchrétienne. C'est la plus importante des fêtes celtiques, car elle marque la transition entre l'an qui s'achève et l'année qui débute. C'est un moment magique où le monde mortel est accessible, pour quelques heures seulement, au monde des immortels. Il s'agit d'un temps hors du temps où se côtoient vie et mort, Bien et Mal, nature et surnaturel, bons et mauvais esprits. Lorsque l'Église catholique, par souci de convertir les païens avec «diplomatie», instaure la fête de la Toussaint à la date du 1er novembre, c'est dans le but précis de substituer un nouveau rituel à l'ancien tout en conservant le premier objectif qui est celui d'honorer les défunts. Samhain, qui se déroule dans la nuit du 31 octobre au 1er novembre, reçoit donc un nom chrétien, «Veille de la Toussaint» ou, chez les Irlandais (entre autres), All Hallows' Eve.

Même si elle change d'identité, la fête demeure sensiblement la même, si ce n'est qu'on y incorpore une célébration liturgique à laquelle les membres de la communauté sont tenus d'assister. Pour l'essentiel – pèlerinage sur la tombe des défunts, festins, mascarades et jeux –, rien ne change jusqu'à ce que au XIXe siècle, une grande famine frappe les peuples d'Irlande qui, fuyant la disette, s'exilent en terre d'Amérique où ils implantent All Hallows' Eve, ou Halloween.

Avec leurs pénates, les Irlandais transportent la légende de Jack O'Lantern[136], un bougre aviné qui se rit du démon. Cette histoire fantasmagorique est à l'origine de la décoration qui prévaut durant cette fête, à savoir la citrouille creusée et illuminée dans laquelle une effigie horrifiante est sculptée.

De nombreuses superstitions sont issues de la crainte de l'inconnu en général et de la mort en particulier. Elles prennent naissance dans l'inconscient collectif et se transmettent de génération en génération sans que l'on mette en doute leur pertinence. Parmi ces superstitions qui nous viennent de l'époque médiévale, notons :

- **La crainte des chats noirs.** Considérés comme les comparses inséparables des sorcières, les chats noirs seraient, selon certains, des sorcières qui, empruntant la forme féline, souhaitent passer inaperçues. Au Moyen Âge, on associe le chat à la nuit, et en croiser un sur son chemin constitue un présage néfaste ;
- **Les fantômes des cimetières.** À une époque lointaine, on enterre les morts sans autre sépulture qu'un linceul de lin. À la pleine lune, le corps en terre, en se décomposant, libère une certaine quantité de phosphore et de méthane, lesquels, au contact de l'oxygène, s'enflamment en adoptant des formes fluides. Quand on sait que les loups hurlent à la pleine lune, il est aisé de faire l'association entre la lumière surnaturelle, le lieu de sépulture, les plaintes lugubres et… les fantômes ;
- **Les loups-garous.** Au Moyen Âge, on croit que certains hommes peuvent se transformer en bêtes mi-hommes, mi-loups à la pleine lune. Plusieurs d'entre eux sont ainsi accusés de sorcellerie et brûlés sans autre forme de procès. Des études scientifiques tendent à démontrer que deux affections médicales pourraient être la cause de ces « transformations ». La première se nomme « lycanthropie » et caractérise

les individus souffrant d'un trouble psychiatrique qui se manifeste par un délire féroce ; la seconde s'appelle « hypertrichose » et se manifeste par un trouble hormonal entraînant une pilosité excessive sur tout le corps ;

- **Le silence durant un banquet.** Il paraît que le silence favorise la présence des revenants durant un banquet d'Halloween. Mieux vaut prévoir une réserve de sujets à partager ;
- **L'homme de sa vie.** À une époque reculée, les gens du peuple croient qu'une pucelle qui, la nuit d'Halloween, se rend près d'une source avec sa lanterne, peut y apercevoir le reflet de l'homme qui lui est destiné.

Par ailleurs, une chandelle qui s'éteint toute seule durant un banquet est le signe qu'un fantôme se tient parmi l'assemblée.

La décoration est un élément important. Voici quelques idées pour vous guider :

- des couleurs sombres où priment le noir, le brun, le violet et l'orangé ;
- des rubans et des guirlandes entremêlés de fleurs séchées ;
- des feuilles d'arbres séchées dispersées sur la table ;
- une lumière, parcimonieuse, qui se résume à quelques lampions noirs et/ou orange disposés dans de gros navets creusés et sculptés, puis posés sur des demi-bûches de bois sec ;
- de fausses chauves-souris, messagères de l'Au-delà, suspendues au bout d'un fil (ou d'un élastique) au-dessus de la table de l'horrible festin ;
- des toiles d'araignées, fixées çà et là dans la pièce, témoins d'une forme d'immobilité du temps ;
- des toiles blanches recouvrant les sièges et rappelant les formes fantomatiques des esprits voyageurs ;
- un sablier déposé dans un coin de la pièce et qui rappelle que *tempus fugit*… ;

- des instruments de divination tels que pendule, runes, boule de cristal, cartes de tarot, laissés sur la table pour le bénéfice des éventuels devins ;
- des petits tubes fluorescents accrochés à des ballons noirs gonflés à l'hélium font de féeriques feux follets, surtout si les ballons sont libres de voyager au gré des courants d'air[137] ;
- un peu de glace sèche dans un vieux chaudron rempli d'eau tiède crée l'effet d'une soupe diabolique en train de mijoter ;
- pour les mordus d'effets spéciaux, un distributeur de fumée (*fog machine*) donne à la salle de banquet des allures d'outre-tombe…

Puis le menu :

- des potages de courge, de poireau et de citrouille ;
- des ragoûts de porc, de bœuf ou de mouton ;
- de la purée de panais et de pommes de terre ;
- des pains d'orge, d'épeautre et de blé concassé ;
- de la bière, du cidre, du vin et de l'hydromel ;
- des fruits secs, des pommes de toutes sortes et du raisin ;
- des légumes crus présentés dans une citrouille évidée ;
- des trempettes ou sauces contenues dans des courges décoratives évidées ;
- des fromages aux fortes odeurs ;
- des pâtisseries et friandises gourmandes.

Quant à la « vesture » :

- des vêtements portés sens dessus dessous ;
- des peaux de bête ;
- des habits féminins pour les hommes et vice versa ;
- des coiffures originales ;
- des masques artisanaux ;
- des maquillages rappelant feuillage ou fourrure.

La légende de Jack O'Lantern

En Irlande, au Moyen Âge, vivait un homme nommé Jack. Jack était affligé de deux énormes défauts : l'avarice et l'ivrognerie. Il passait toutes ses soirées dans une auberge de son village à boire comme une outre percée. Un jour, alors que Jack était encore plus ivre qu'à son habitude, il reçut la visite du diable en personne. Celui-ci venait lui réclamer son âme. Jack, en soûlard manipulateur, accepta de donner son âme au démon à condition que ce dernier trinque avec lui. C'est avec empressement que le «cornu» accueillit l'invitation mais, pour payer sa consommation, il dut se transformer en pièce de six pences. Sitôt transformé, sitôt volé par cet avare de Jack qui mit la pièce de monnaie dans sa sacoche au fermoir en forme de croix. Le diable était bel et bien devenu son prisonnier. Après moult négociations, Jack permit au démon de reprendre son apparence première, en échange de quoi il s'engagea à lui accorder une année de sursis. Au bout du terme, Jack se mit en tête de berner une seconde fois son opposant. Rencontrant le diable sur sa route, Jack lui promit de le suivre en Enfer à condition qu'il acceptât de grimper sur ses épaules et d'aller lui cueillir une pomme dans un arbre qui se dressait près de la route. Le démon accepta de bonne grâce et, pendant qu'il était ainsi juché sur les épaules de Jack, le gredin s'empressa de graver une croix dans l'écorce de l'arbre, laquelle rendit le démon inoffensif. Lucifer fut encore fait prisonnier par Jack. Pour obtenir sa libération, il dut promettre de ne plus jamais revenir réclamer son âme et il tint promesse, disparaissant à jamais. Mais, un jour, Jack trépassa. L'entrée du Paradis lui fut refusée pour les vices que l'on sait. Dépité, Jack prit aussitôt la direction de l'Enfer. Le gardien de ses portes, se souvenant des escroqueries qu'il avait commises, demeura sourd aux lamentations du défunt. S'ensuivirent des pourparlers entre Jack et le diable, au terme desquels l'ivrogne obtint un morceau de charbon ardent destiné à lui servir de lanterne dans le noir de sa longue marche jusqu'au jour du Jugement dernier. Dans le but de préserver sa flamme des assauts du vent, Jack creusa une grosse betterave, y découpa des ouvertures pour laisser passer la lumière et y installa son charbon infernal. Depuis ce jour, le soir d'Halloween, on peut voir partout, dans les endroits sombres, des lanternes de Jack, allumées en souvenir de sa triste histoire…

Le corps dépecé de Hal O'Ween

C'est un jeu moderne mais tellement amusant qu'il mérite d'être mentionné.

Matériel

Plusieurs petits contenants de papier cartonné (qu'on utilise généralement pour servir la salade de chou)
2 raisins pelés
1 tomate écrasée grossièrement
1 morceau de foie de veau cru
1 pleine poignée de barbiches de maïs humides ou un morceau de fourrure mouillée
Du ketchup délayé dans un soupçon d'eau chaude
1 gant de latex humide, rempli de gélatine (jello) rouge
De la gélatine (jello)
1 figue séchée
1 plat de spaghettis cuits et refroidis
1 cornichon
Des feuilles de papier
Des crayons
1 boîte de débarbouillettes humides

Nombre de participants

Illimité.

But du jeu

Amener les participants à reconnaître le plus d'aliments possible, uniquement en les touchant.

Préparation

Mettre un peu de chacun des aliments mentionnés ci-dessus dans des contenants en carton. C'est le contenu de chacun de ces récipients qui sera manipulé par les membres de l'assemblée.

Déroulement

Distribuer aux participants une feuille de papier et un crayon pour écrire leur nom, puis les faire asseoir en cercle. Leur expliquer qu'une histoire va leur être racontée et que la présentation de certains éléments à reconnaître ponctuera régulièrement le récit. Ils auront à inscrire au fur et à mesure, sur la feuille de papier, les réponses qu'ils croiront être les bonnes. Éteindre toutes les lumières de la pièce et ne conserver qu'une seule chandelle allumée. Il est primordial que les joueurs ne puissent pas voir les substances qu'ils touchent. Voici l'histoire à raconter avec, dans l'ordre, les éléments à faire deviner.

Histoire

Autrefois, il y a plusieurs centaines d'années,
vivait dans cette ville
un homme nommé Hal O'Ween.
Un soir du mois d'octobre,
le 31 plus précisément,
il fut agressé sauvagement
et tué sans pitié.
Ses restes furent dispersés
sur la place publique par le criminel.
Voici certains de ses membres
que vous devez toucher,
reconnaître et nommer par écrit.

Tout d'abord, voici son cerveau qui, assurément, ne lui cause plus de maux de tête.

Passer le récipient contenant la tomate écrasée.

Voici ses yeux tout encore écarquillés de frayeur.

Offrir le récipient contenant les deux raisins pelés.

Ici, c'est son cœur qui se remet parfois à battre sans que l'on sache pourquoi.

Faire tâter le foie de veau.

Vous touchez actuellement à une touffe de sa chevelure poisseuse.

Faire circuler la poignée de barbiches humides (ou la fourrure mouillée).

Sentez ses dernières gouttes de sang, le reste s'étant transformé en boue depuis longtemps.

Faire tremper le bout des doigts dans le ketchup.

Serrez la seule de ses mains qui ait été retrouvée. Mais allez-y doucement : elle tombe en décomposition !

Faire circuler le gant de latex rempli de gélatine.

Avec cette oreille, il n'entendra plus jamais le gazouillis des oiseaux.

Faire tâter la figue.

Voici maintenant son nez qui ne respirera plus jamais le parfum des roses.

Faire passer le cornichon.

Le reste a été mangé par ces vers que vous touchez présentement…

Passer le récipient contenant les spaghettis cuits.

Aurez-vous réussi à reconnaître les réelles substances qui ont été soumises à votre analyse ? C'est ce que nous verrons après correction de vos réponses. En attendant : « Que la lumière soit ! »

On rétablit la clarté dans la pièce et, pendant que le correcteur analyse les réponses, les participants – tout en se nettoyant les mains avec des débarbouillettes humides – scrutent les récipients afin de vérifier si leur intuition a été juste.

Lorsqu'on a trouvé le gagnant, on fait connaître son identité à l'assemblée et il reçoit un prix de circonstance, à savoir une tarte à la citrouille ou une bourse (de style aumônière) remplie de friandises ou de noix.

Tarte au potiron

Pour 6 personnes

Ingrédients

- 200 g de pâte brisée
- 500 g de pulpe (chair) de potiron (citrouille)
- 60 g de miel
- 2 œufs moyens
- 2 cuillères à soupe d'amandes en poudre
- 1 cuillère à soupe de fécule de maïs
- 1 cuillère à thé de cardamome en poudre
- 1 cuillère à thé de cannelle en poudre

Méthode

1. Beurrer un moule à tarte de 24 cm de diamètre.
2. Étaler la pâte et mettre dans le moule.
3. Mettre au réfrigérateur pendant la préparation de la farce.
4. Préchauffer le four à 400° F (200° C).
5. Couper la pulpe de potiron en gros cubes de 5 cm.
6. Étaler sur une plaque à four et cuire environ 30 minutes.
7. Quand la pulpe est tendre, la mettre dans le bol d'un robot culinaire, puis ajouter le miel, les épices, les œufs et la fécule.
8. Mixer jusqu'à obtention d'une crème lisse.
9. Retirer le moule du réfrigérateur.
10. Garnir le fond du moule de poudre d'amande.
11. Verser la préparation de potiron.
12. Mettre au four 50 minutes.
13. Laisser refroidir avant de démouler.
14. S'accompagne bien d'un morceau de chocolat.

Secrets du banquet des Chevaliers d'Émeraude

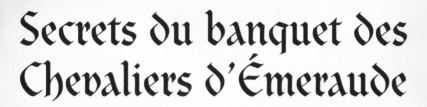

Unis dans l'adversité comme dans la félicité, les Chevaliers d'Émeraude éprouvent parfois le besoin de se divertir. Les fêtes de Parandar sont une occasion de festoyer et de ripailler le temps d'un banquet. Sous l'égide de Parandar, ce dieu bienveillant qui protège les défenseurs d'Enkidiev[138], tous les individus à la cuirasse verte, de quelque origine qu'ils soient, se réunissent pour, ensemble, refaire leurs forces. Mais gare à l'infâme Asbeth et à sa vilaine langue de sorcier à plumes… Il faudra aux «petits hommes verts» l'appui des Immortels et peut-être aussi quelques sortilèges afin de rendre inoffensif celui qui prend plaisir à postillonner le fiel. Peu importe, «le bon droit triomphe toujours!» et, dans ce chapitre, le féru de fantastique trouvera des trésors de ressources susceptibles de le guider dans l'organisation d'un banquet d'Émeraude. Voici des propositions inspirées des mythes et rituels liés à un imaginaire fabuleux pour vivre agréablement un banquet dédié au courage, à l'honneur et à la justice.

Annuellement, les lecteurs de la saga des Chevaliers d'Émeraude qui souhaitent se mettre dans la peau de leur personnage préféré sont invités à participer au banquet organisé par l'auteure elle-même,

Anne Robillard. En plus de décrire le déroulement d'un banquet et les étapes pour l'organiser, Anne Robillard livre au lecteur, dans les pages qui suivent, des anecdotes et des conseils issus de sa propre expérience.

Bonnes fêtes de Parandar !

— L'une des questions que l'on me pose le plus souvent est : comment peut-on organiser soi-même un banquet comme dans les Chevaliers d'Émeraude ? Même si cette saga ne se déroule pas du tout à l'époque du Moyen Âge que l'on connaît, plusieurs us et coutumes ressemblent fort à ceux de cette période. Surtout lorsqu'il est question de festoyer ! Un banquet, c'est l'occasion de passer du bon temps en compagnie de ses amis et même d'en rencontrer de nouveaux. On y mange, on y chante et on y danse, c'est vrai, mais on y applique également les règles de la courtoisie et celles du Code d'Émeraude. Les hôtes, tout comme les convives, sont là pour s'amuser, se détendre et bavarder. Brigitte, l'auteure de ce magnifique ouvrage, l'a fort bien compris. C'est d'ailleurs une grande dame qui vit selon les règles du Code depuis fort longtemps. Je vous invite donc à suivre ses conseils afin que votre banquet soit aussi réussi que ceux que le roi organise à Émeraude. **A.R.**

L'invitation

L'invitation est le premier contact que vous établissez avec vos convives en prévision du banquet. Il importe qu'elle soit la plus éloquente possible et que son message comporte certaines informations capitales telles que la date du banquet, l'heure, le lieu de la rencontre et le coût du repas. À cela, ajoutez toute information pertinente de type vestimentaire, accessoires, etc. La formulation originale que vous emploierez pour votre message piquera la curiosité des destinataires. Utilisez du papier-parchemin[139] et choisissez une calligraphie spéciale pour ajouter une touche d'exotisme à vos missives. Vous trouverez à la page suivante un exemple de texte d'invitation.

Jamais sans mon conteur

— Aucun banquet n'est complet sans une bonne histoire qui nous émeut ou qui nous fait frissonner d'effroi. Si vous connaissez un bon conteur, invitez-le. Lors des banquets des Chevaliers d'Émeraude, les invités demandent souvent à Bergeau[140] de leur raconter une de ses aventures, car ils savent qu'il saura les amuser. **A.R.**

Oyez ! Oyez !

Partout en ce monde, braves chevaliers, elfes et fées,
nobles et manants, et tout autre gens,
vous êtes invité à un banquet de réjouissances où nous festoierons
grandement pourvu que vous nous gratifiiez de votre présence.

Les célébrations se tiendront ce__ᵉ jour
des calendes de _____ (écrire le mois)
De l'an de grâce_____
À _____ heures

En la place de _____

(écrire le nom de l'établissement)

Sise en la place de

_____

(écrire l'adresse)

Revêtez vos plus beaux atours
car il y aura danse en à la demeure !
Les règles de la courtoisie dictent
qu'une réponse dans les plus brefs délais serait chose noble à faire.

Vous pourrez vous acquitter de cette tâche
en communiquant avec votre humble serviteur

(nommer la personne responsable à contacter)

Via la « machine magique qui sert à communiquer
à distance », à l'incantation suivante :

(donner ici votre numéro de téléphone
ainsi que son code régional ou votre adresse courriel)

Il nous tarde de vous y accueillir !
En foi de quoi, nous signons
(inscrire votre nom ou celui de votre personnage)

Le menu

L'aménagement de la table est le second élément le plus important d'un repas de banquet, tout juste derrière la préparation des mets. Par conséquent, il importe d'y porter une attention toute particulière. Pour commencer : les menus. Sur carton de couleur ou papier-parchemin[141], annoncez vos plats en leur donnant un nom original, et ce, même s'il s'agit de recettes communes. Si vous maîtrisez l'art de la calligraphie, appliquez vos talents à donner une touche spéciale à vos menus, mais sachez qu'il s'agit d'un véritable travail de moine. Nous vous suggérons une façon simple de procéder, à savoir utiliser une typographie décorative et simplement imprimer vos feuillets. N'oubliez pas d'ajouter, en filigrane ou en manière de sceau, la croix d'Émeraude.

La décoration

La douceur d'un poème

Lors des banquets, il arrive que les convives veuillent entendre le beau Santo[142] réciter ses vers empreints d'amour et de tristesse. Voulant montrer à nos invités que tous les Chevaliers savaient écrire, j'ai proposé qu'ils composent tous un petit poème. Le résultat est aussi surprenant qu'amusant.

L'étymologie du terme banquet nous apprend qu'il s'agit essentiellement d'un repas où les convives se retrouvent réunis à une même table et assis sur des bancs. Vous n'avez pas de bancs ? Qu'importe ! Des chaises feront tout à fait l'affaire… Pourquoi ne pas les recouvrir d'un tissu de couleur sombre, ou encore de coussins, agencés ou disparates ? L'important est de créer un décor différent avec ce dont on dispose.

La nappe

La table est recouverte d'une nappe blanche avec laquelle les convives s'essuient tout au long du repas. Rien ne vous empêche de broder – ou de peindre avec de la peinture à tissus – des motifs décoratifs dans les coins de votre nappe.

Les couverts

Enfin un repas où il y aura relativement peu de vaisselle à laver puisque, si vous le désirez, les convives peuvent partager à deux leur écuelle (réservée au potage). Ceci a l'avantage de rapprocher les gens. En ce qui a trait aux plats principaux, ils seront servis sur de grandes tranches de pain, appelées « tranchoirs » ou « tailloirs », qui servent à imbiber le jus de viandes.

Les ustensiles

Ils se limitent à la cuillère, pour les potages, et au couteau, pour trancher les viandes. La fourchette étant, comme son nom l'indique, fourchue, elle est considérée comme « diabolique ». Par conséquent, à proscrire !

Les coupes, verres et gobelets

Utiliser ce que vous avez sous la main, de préférence, des coupes. « Qu'importe le flacon, pourvu qu'on ait l'ivresse… », comme l'a si bien dit Alfred de Musset, un écrivain célèbre ! Vous pouvez choisir de les disposer sur la table à l'avance ou d'attendre que tous soient assis à table et servir chacun individuellement.

Les marque-places

Les couverts ont été mis en place, votre nappe et vos serviettes trônent dignement sur la table, il ne vous manque plus que les marque-places que vous pouvez fabriquer vous-mêmes. Cependant, si vous ignorez le nom de personnage que vos invités prendront, écrivez simplement leur nom réel en laissant un espace que ceux-ci rempliront avec la signature de leur personnage. Nous vous suggérons de suivre la même démarche que celle décrite pour les invitations. Une petite carte faite avec du papier-parchemin[143] sera du plus bel effet. Collez un épi de blé ou une boucle de raphia à l'une de ses extrémités et le tour est joué ! Chacun saura exactement où s'asseoir et, en plus, le marque-place fera office de souvenir.

L'éclairage et la décoration

Les spectacles de feu

— Pour ajouter un brin de spectaculaire au banquet, vous pouvez inviter des cracheurs de feu. Il est préférable de donner de tels spectacles à l'extérieur. Pour la petite histoire, lors du premier banquet des Chevaliers d'Émeraude, des cracheurs de feu ont présenté leur démonstration dans une salle de banquet d'un grand hôtel. C'était une très mauvaise idée, car, en plus de frôler dangereusement les nappes des tables, les flammes ont finalement brûlé un des animateurs au deuxième degré ! A.R.

Si tout ce qui a trait à la table est désormais réglé, vous êtes prêts à passer à l'étape suivante : la décoration. La chose la plus importante selon nous concerne l'éclairage. Rien ne donne un cachet aussi chaleureux et magique que l'éclairage à la bougie, pourvu qu'il y ait suffisamment de lumière pour que chacun puisse bien distinguer ce qu'il y a sur son tranchoir !

Le lampion d'Émeraude

Matériel

1 lampion de cire
1 contenant à lampion en verre coloré
Corde de jute
Fusil à colle
Bâton de colle

Préparation

Couper quatre longueurs de corde adaptées à la hauteur du contenant. Les coller à la verticale. Entourer les extrémités à l'aide de la corde en la fixant avec la colle. Mettre le lampion à l'intérieur et allumer.

Les lames vives

— Ce n'est évidemment pas le moment, lors d'un banquet, de régler ses comptes, surtout si vous présentez une démonstration d'escrime ! De préférence, procédez à ces combats à l'extérieur. Lors du deuxième banquet, dans une salle de réception, les Chevaliers d'Émeraude ont quelque peu remodelé le plafond de l'endroit. Même avec les meilleures intentions, ce type d'activité est dangereux. À moins d'utiliser des épées en mousse, choisissez des experts pour faire ce genre de spectacle. **A.R.**

S'il fait clair à l'extérieur et que votre repas a lieu à l'intérieur, l'ajout de cellophanes colorées dans les fenêtres rappellera la luminosité des vitraux. Retirez des murs tous objets communs. Remplacez-les par un poster des Chevaliers d'Émeraude, un trophée de chasse, une épée, une pièce d'armure ou par tout autre accessoire dans le ton. Vous ne possédez rien du genre ? Peu importe ! Sortez cartons, ciseaux, tissus, colle et crayons, et confectionnez un écu (ou bouclier) et une oriflamme (ou bannière).

La bannière

Matériel

Tissu de couleurs variées
Ciseaux
Colle à tissu (facultatif)
Peinture à tissu
Baguette de bois
Ficelle

Voici trois exemples de bannières. Choisissez celle dont la forme vous semble la plus inspirante Vous pouvez aussi laisser aller votre créativité.

Autres suggestions

Pour compléter votre décor, vous pourrez ajouter des roseaux (quenouilles) dans un gros pot de verre teinté ou recouvert de jute. Un petit baril de bois invite souvent aux libations tout en suggérant une ambiance d'auberge chaleureuse. Vous possédez des chaudrons de fonte hérités de votre mère-grand ? Disposez-les bien à la vue ou, mieux, servez les mets dans ces récipients centenaires. En insérant une chandelle dans le goulot d'une bouteille vide, vous obtiendrez de très jolis chandeliers. Vous pouvez même créer de jolies étiquettes humoristiques à coller sur vos bouteilles. De quoi surprendre les œnologues les plus aguerris. Des fleurs séchées ou du lierre synthétique égayeront votre table. Quelques grappes de raisins, des miches de pain aux teintes diverses et plusieurs petits bols remplis d'eau et de pétales de rose (pour le nettoyage des mains) disposés habilement, et votre pièce se transformera en une salle de château fantastique.

Menu dégustation pour 4 personnes

Beignets de fromage

*

Soupe de lentilles à la bette à carde et œuf poché

*

Ragoût de chou vert, flétan cuit à la vapeur, sauce au cumin

*

Rôti de porc aux deux figues et panais glacés

*

Tartines de pain de campagne au fromage bleu,
salade de cresson aux noix

*

Blanc-manger à la vanille,
poire pochée au gingembre et craquelins

*

Mendiants au chocolat et un verre d'hypocras

Beignets de fromage

Ingrédients

- 200 g de farine
- 2 cuillères à soupe de beurre fondu
- 1 tasse de bière blonde en bouteille
- 2 œufs entiers moyens
- 1 cuillère à thé de graines de carvi
- 1 verre d'eau tiède
- 1 sachet de levure chimique
- 70 g de fromage râpé
- sel

Méthode

1. Disposer la farine en fontaine dans une terrine.
2. Incorporer la farine, la levure, les œufs, l'eau et la bière, bien mélanger le tout pour éviter les grumeaux et obtenir une consistance onctueuse et souple.
3. Travailler la pâte à la main, puis ajouter le fromage râpé.
4. À l'aide d'une cuillère, déposer les boules dans 50 ml d'huile chaude dans une poêle.
5. Après cuisson, les disposer sur un papier absorbant.
6. Servir chaud.

Soupe de lentilles à la bette à carde et œuf poché

Ingrédients

- 200 g de lentilles sèches
- 4 œufs entiers de grosseur moyenne
- 4 gousses d'ail épluchées
- 1 oignon
- 1 carotte
- 10 feuilles de bette à carde ou blette
- 2 cuillères à soupe de bouillon de légumes
- 1 cuillère à soupe de vinaigre balsamique
- 1,5 litre d'eau
- 2 cuillères à soupe de vinaigre
- sel et poivre

Méthode

1. Préparer les légumes : hacher l'oignon, couper la carotte en dés, hacher l'ail, couper finement la bette à carde.
2. Verser une cuillère à soupe d'huile dans une cocotte et faire revenir l'ail, l'oignon et la carotte jusqu'à coloration.
3. Ajouter les lentilles, l'eau et les deux cubes de bouillon.
4. Couvrir et laisser cuire pendant trente minutes.
5. Après 30 minutes, ajouter le vinaigre, le sel, le poivre et la bette à carde ou blette.
6. Bien remuer et laisser mijoter dix minutes à feu doux.
7. Pendant ce temps faire bouillir une casserole avec de l'eau et une cuillère à soupe de vinaigre blanc, puis pocher les œufs trois minutes.
8. Sortir les œufs de l'eau et les mettre sur du papier absorbant.
9. Servir la soupe très chaude dans des bols individuels, et y disposer un œuf. Finir avec un filet d'huile olive.

Ragoût de chou vert,
flétan cuit à la vapeur, sauce au cumin

Sauce

- 50 g de poudre d'amande
- 1 tranche de pain blanc
- 1 cuillère à thé de cumin en poudre
- 1 cuillère à thé de vinaigre de vin
- 1 cuillère à thé de safran
- 1 tasse de bouillon de légumes

Ragoût de chou vert

- ½ chou vert
- 1 oignon
- 1 branche de thym
- ½ litre de bouillon de légumes
- sel et poivre

Flétan

- 400 g de flétan
- 1 litre de bouillon de légumes
- sel et poivre

Méthode

Sauce

1. Imbiber le pain dans le bouillon de légumes.
2. Délayer le cumin dans le vinaigre.
3. Dans une casserole, mettre le pain, le bouillon, le cumin, le vinaigre et la poudre d'amande.

4. Cuire à feu doux dix minutes.
5. Mélanger la sauce au robot culinaire puis la passer au tamis.
6. Remettre la sauce à bouillir, puis ajouter le safran préalablement trempé dans 3 cuillères à soupe d'eau.
7. Finir l'assaisonnement et conserver au chaud.

Ragoût de chou vert

1. Couper le chou en fines lamelles, hacher l'oignon.
2. Dans une cocotte, faire revenir les oignons sans coloration, puis mettre le chou. Cuire cinq minutes.
3. Ajouter la branche de thym, le sel, le poivre puis le bouillon.
4. Laisser cuire 30 minutes; le chou doit être tendre.

Flétan

1. Faire chauffer le bouillon pour cuire le flétan à la vapeur.

Rôti de porc aux deux figues et panais glacés

Ingrédients

Rôti de porc

- 1 kg de rôti dans l'échine
- 6 grosses figues fraîches
- 14 figues séchées
- 8 brins de sarriette
- 20 g de beurre
- 6 cuillères à soupe d'huile d'olive
- sel et poivre

Panais glacés

- 200 g de panais
- 100 ml d'huile d'olive pour cuisson
- 20 g de beurre
- sel et poivre
- 1 feuille de laurier
- 3 cuillères à soupe de miel

Méthode

1. Préchauffer le four à 400° F (200° C).

Confectionner la pâte de figues

1. Couper les figues séchées en deux.
2. Gratter l'intérieur avec une cuillère.
3. Mélanger la chair avec 20 g de beurre pommade et la moitié de la sarriette hachée.
4. Assaisonner et garder de côté pour la confection de la sauce.
5. Mettre le rôti dans un plat à four.
6. Arroser d'huile d'olive.

7. Saler, poivrer, et parsemer du restant de la sarriette.
8. L'enfourner pendant une heure tout en l'arrosant plusieurs fois en cours de cuisson.
9. Couper les figues fraîches en quatre et les ajouter au rôti après une heure de cuisson.
10. Poursuivre la cuisson pendant 30 minutes.
11. Pendant ce temps, éplucher les panais, puis les couper en quatre sur leur longueur.
12. Dans une cocotte chaude, faire revenir les panais dans l'huile d'olive.
13. Après coloration, baisser le feu, mettre la feuille de laurier, le sel et le poivre, en y ajoutant la noix de beurre. Laisser cuire 20 minutes tout en surveillant la cuisson, car le panais a tendance à brûler rapidement. Trois minutes avant la fin de la cuisson mettre le miel et bien mélanger pour que le miel enrobe correctement les panais.
14. Après la cuisson du rôti, récupérer le jus et le mélanger à la pâte de figues séchées.
15. Servir chaud.
16. Couper le rôti en tranches, dans un plat de présentation. Disposer les tranches avec les figues à côté et arroser de sauce. Servir les panais glacés dans un autre plat de service.

Tartines de pain de campagne au fromage bleu, salade de cresson aux noix

Ingrédients

- 4 tranches de pain de campagne (2 cm d'épaisseur)
- 150 g de fromage bleu
- 1 botte de cresson
- 50 g de noix de Grenoble
- 100 ml d'huile d'olive
- 50 ml de verjus (jus de raisin vert acide, très utilisé au Moyen Âge)
- sel et poivre

Méthode

1. Disposer les tranches de pain sur une plaque à four.
2. Couper le fromage en fines tranches et les disposer sur le pain.
3. Laver le cresson délicatement, puis égoutter.
4. Confectionner la vinaigrette avec le moût de raisin, l'huile d'olive et les noix.
5. Mettre les tartines au four en position *grill* jusqu'à ce que le fromage soit fondu et légèrement coloré.
6. Mélanger le cresson avec la vinaigrette et les noix de Grenoble, puis mettre sur les tartines.
7. Servir aussitôt dans un plat de service.

Blanc-manger à la vanille, poires pochées au gingembre et craquelins

Ingrédients

Blanc manger

- 600 ml de lait
- 4 feuilles de gélatine or ou 8 g de gélatine en poudre
- sucre au goût
- 1 gousse de vanille ou 1 cuillère à thé de vanille liquide

Poires pochées

- 4 poires
- 1 citron
- 50 g de sucre
- 1 cuillère à thé de gingembre en poudre

Craquelins

- 250 g de farine
- 150 g de beurre
- 2 jaunes d'œufs et 1 jaune pour la dorure
- 120 ml de lait froid
- 30 g de sucre
- 1 pincée de sel

Méthode

Blanc-manger

1. Faire tremper les feuilles de gélatine dans l'eau très froide.
2. Faire bouillir le lait.
3. Ajouter la vanille et le sucre, faire infuser 5 minutes hors du feu.

4. Retirer la gousse de vanille et incorporer les feuilles de gélatine.
5. Verser la préparation dans quatre ramequins individuels et laisser au réfrigérateur au moins deux heures.

Poires pochées

1. Peler les poires.
2. Les pocher dix minutes dans 600 ml d'eau avec le citron, le sucre et le gingembre.
3. Les refroidir et les couper en petits dés.

Craquelins

1. Préchauffer le four à 400° F (200° C).
2. Mélanger tous les ingrédients, laisser reposer la pâte une heure au réfrigérateur.
3. Abaisser au rouleau la pâte à 1 cm d'épaisseur.
4. Couper des petits carrés de 5 cm, les dorer avec le jaune d'œuf et les cuire au four cinq minutes.
5. À la sortie du four, les saupoudrer de sucre.
6. Sortir les ramequins du réfrigérateur, y déposer des dés de poires avec un filet de vinaigre balsamique et servir avec les craquelins.

Mendiants au chocolat et son verre d'hypocras

Ingrédients

Mendiants

- 100 g de chocolat au lait
- 100 g de chocolat noir
- 50 g de beurre

- 10 g de noix de Grenoble
- 10 g de noix de pecan
- 10 g d'amande effilées
- 10 g de raisins blancs séchés

Hypocras

- 1 litre de vin blanc
- 150 g de sucre
- 40 g de poudre d'amande
- 10 g de cannelle en poudre
- 5 grains de poivre
- 1 citron épluché et coupé

Méthode

Mendiants

1. Faire fondre les deux chocolats et le beurre ensemble au bain-marie.
2. Bien lisser le mélange.
3. Mélanger toutes les noix et le raisin ensemble.
4. Sur une plaque, faire des cercles réguliers et y répartir immédiatement le mélange de noix (il faut que le chocolat soit encore mou pour que les noix collent dessus).
5. Laisser durcir une nuit au réfrigérateur.

Hypocras

1. Mélanger tous les ingrédients et laisser macérer au réfrigérateur pendant un mois.
2. Passer au chinois et mettre dans une bouteille.

Chevaliers d'Émeraude et personnages d'Enkidiev[144]

De pied en cap

La date du banquet arrive à grands pas. Vous avez pensé à tout, sauf, peut-être, à vos atours… L'important, ici, c'est de déterminer quel type de personnage vous souhaitez incarner. Serez-vous elfe méfiant ou douce fée, Immortel bienveillant ou vaillant chevalier, horrible homme-insecte ou dragon fantastique, sorcier abject ou enfant de lumière? Votre choix déterminera le costume. Vous ne savez pas encore quel héros vous incarnerez? En voici une vingtaine, accompagnés de leurs principaux attributs, desquels vous inspirer:

Le roi Hadrian :	un grimoire et une plume, car il aime écrire de la poésie.
Le chevalier Falcon :	une épée, en raison de sa grande habileté à la manier. Falcon craint l'obscurité.
La femme chevalier Ariane :	des oreilles de fée.
La femme chevalier Cristelle :	un couvre-chef excentrique. Cristelle n'a pas son pareil pour raconter des histoires qui fascinent les tout-petits.
Le chevalier Derek :	des oreilles d'elfe. Époux de Miyaji.
Le chevalier Kevin :	un bandeau sur les yeux (car il est aveugle). Il possède une ouïe capable de discerner, à une grande distance, le cliquetis des hommes-insectes.
Le chevalier Lassa :	les cheveux très pâles et une petite harpe.
Le chevalier Nogait :	un collier de turquoises. C'est le plus farceur de tous les Chevaliers d'Émeraude.
Le chevalier Sage :	un arc et un carquois rempli de flèches.
Le chevalier Wimme :	une peau d'ébène et un sourire enjôleur.
Le magicien Hawke :	une «pierre de pouvoir» ayant appartenu aux Scoliens.
L'Immortel Abnar :	un cristal, symbole de son pouvoir magique.
Le dieu Akuretari :	a l'apparence d'un alligator. Cette cruelle créature cherche à détruire les habitants créés par Parandar.
La déesse Fan de Shola :	une robe faite de voiles diaphanes et de longs cheveux brillants.
La servante Armène :	un tablier (et une poupée emmaillotée évoquant un petit enfant). Cette gouvernante a un instinct maternel très exacerbé.
L'archer Katas :	un arc et un carquois.
Le paysan Tanner :	une fourche et un bonnet de toile.
L'homme-insecte :	une carapace noire, de longues griffes et une lance. Cette créature sanguinaire se déplace lentement.
Le midjin :	catégorie d'hommes-insectes, dompteur de dragon à la peau jaune, petit et très agile.

Ah! L'art de faire du neuf avec du vieux! Voici quelques suggestions très faciles à réaliser dans un temps record:

Le capuchon ou chaperon des paysans

Matériel

Un vieux chandail «kangourou» de coton ouaté
Crayon gras ou crayon de couleur blanche
Ciseaux
Œillets (facultatif)
Lacet de cuir (facultatif)

Confection

Étendre le chandail sur le dos. À l'aide de votre crayon, dessiner un arc de cercle orienté vers le bas et allant d'une épaule à l'autre. Tailler le long de la marque. Le capuchon est terminé! Il est également possible d'inciser le capuchon en plein centre sur le devant et de poser, de part et d'autre, des œillets dans lesquels on insèrera un lacet afin de fermer le capuchon, à la manière d'une cape.

La cape des elfes

Matériel

Une vieille couverture de laine (de couleur brune, verte, noire ou blanche de préférence. Éviter le rose «nanane» et le jaune «serin», à moins que cela convienne à votre personnage)
Un crayon de couleur contrastante
Ciseaux
Œillets ou agrafes (facultatif)
Lacet (de cuir ou de tissu)

Confection

Étendre la couverture bien à plat sur le sol. Dessiner un grand cercle utilisant la plus grande surface possible. Tailler sur la ligne dessinée. Marquer le milieu du cercle par un point au crayon après avoir plié le tissu en deux parties égales. Déplier. Tracer une ligne droite partant du centre jusqu'au bord du tissu. Tailler le long de cette ligne. Revêtir la cape et la refermer sur soi afin de déterminer l'endroit où se trouvera le système de fermeture (œillet et/ou lacet ou agrafes). Marquer au crayon ou à l'aide d'épingles. Retirer la cape et installer la fermeture en suivant les instructions du manufacturier.

Les braies (pantalon) des paysans[147]

Matériel

Un vieux pantalon
Plusieurs œillets
1 crayon de couleur blanche
1 règle de 30 cm (facultatif)
2 lacets de cuir
Ciseaux
Fer à repasser

Confection

Enfiler le pantalon. Marquer avec une épingle la hauteur du genou sur les 2 côtés extérieurs du pantalon. Tracer une ligne verticale jusqu'au bas du pantalon et tailler. Coudre des ourlets suffisamment larges de manière à obtenir un triangle. Poinçonner et poser les œillets de part et d'autre de l'ouverture. Il peut être nécessaire de renforcer les bords du tissu en cousant un morceau de toile ou autre avant de poser les œillets. Sinon, le tissu pourrait se déchirer à la moindre tension. Lacer.

Vous hésitez à mettre les ciseaux dans votre pantalon, car il possède une valeur sentimentale? Grâce à l'accessoire suivant, le sacrifice de votre jean[145] sera évité.

Les guêtres des chevaliers

Matériel

2 rectangles de tissu foncé (suffisamment grands pour couvrir les mollets, des genoux aux chevilles)
40 œillets (environ)
2 grands lacets de cuir
Fer à repasser

Confection

Tailler deux trapèzes suffisamment larges pour que les côtés opposés puissent se toucher lorsque placés sur les jambes. Plier (1 pouce environ) les côtés extérieurs des trapèzes sur le sens de la longueur. Aplanir au fer à repasser. Sur l'endroit, poser les œillets de part et d'autre en les espaçant régulièrement. Placer sur les jambes et lacer à l'aide des cordons de cuir.

La jupe des paysannes (et dames)

Matériel

1 vieux drap de couleur unie

Ciseaux

Crayon à mine

Règle

Quelques œillets

1 lacet de cuir

Fil

Machine à coudre

Confection

(Pour une jupe plus ample, augmenter les proportions du tissu à conserver.) Mesurer le tour de taille, le tour de hanches et la longueur de la taille jusqu'au sol. Étendre le drap sur le sol. Tracer sur le tissu un grand trapèze dont la largeur du sommet comptera 4 pouces de plus que la mesure du tour de taille (valeur des coutures). Du bord supérieur du trapèze jusqu'à son bord inférieur, il doit y avoir la même longueur que la mesure prise de la taille au sol ; il s'agit de la longueur de la jupe. La largeur du bas du trapèze sera fonction de l'amplitude souhaitée. (Plus le trapèze sera large à la base, plus la jupe sera ample.) Tailler le long de la ligne dessinée. Avec le fer à repasser, faites une pliure (envers contre envers) de 1 pouce dans le haut et dans le bas du trapèze (ce sont les ourlets de finition). Coudre afin de maintenir ces pliures en place[146]. Plier le trapèze en 2 parties égales, endroit contre endroit, puis faire une couture (de 0,625 pouce de large environ) sur toute la longueur du trapèze afin de fermer la jupe en ne laissant ouverts que les derniers 10 cm dans le haut (pour fermeture). Poser les œillets de part et d'autre de la fermeture. Lacer.

Les chaussures

Tout type de sandales conviendra. L'hiver, afin d'éviter les engelures, de bonnes vieilles pantoufles maquillées font de très chaudes et confortables chaussures. Peignez des motifs originaux assortis à vos vêtements ou cirez-les simplement. Pour les chevaliers, des bottes hautes feront l'affaire. Fées, elfes, Immortels et paysans peuvent très bien se passer de souliers. Pour les bêtes bizarres, une paire de gants ou de « mitaines », en plus de donner une allure étrange à vos pieds, affectera votre démarche qui fera corps avec votre personnage[148].

Les accessoires

Pour compléter votre costume, imaginez un ou deux accessoires propres à votre personnage (par exemple, une perruque mauve pour Kira, une longue chevelure noire pour Onyx, une couronne de fleurs délicates pour la douce Amayelle, un collier d'invisibilité pour le beau Danalieth, des oreilles pointues pour les fées, etc.) Il peut s'agir d'un sceptre ou d'une baguette magique, d'un bâton de pèlerin, d'oreilles d'elfe ou d'un nez de sorcière, et aussi d'un grimoire ou d'une aumônière, d'un talisman ou d'un pendentif… Les chevaliers portent une petite bourse de cuir à la ceinture ainsi qu'un baudrier[149]. En guise de collier, tous arborent la croix d'Émeraude[150]. Les personnages qui sont mariés portent une alliance à l'annulaire gauche. Les femmes fées (qui ne sont pas chevaliers) se parent de bracelets de cuir de teintes pastelles sur lesquel brillent des pierres de couleurs assorties. Chez les elfes, ce sont des bracelets de cheville que l'on rencontre le plus souvent.

Peu importe le personnage que vous incarnez, tous peuvent se munir d'une aumônière. Cette petite pochette peut contenir des objets variés. Des runes magiques ? Des dés ? Des potions ? Des herbes rares ? Des écus sonnants et trébuchants ? Des clés de geôle ? Des mots d'amour secrets ? À vous de décider !

L'aumônière

Matériel

1 morceau de tissu de grandeur moyenne (50 cm x 50 cm environ)
1 assiette à dessert ronde (ou plus grande, au goût)
1 crayon gras de couleur
Un poinçon (ou des ciseaux)
Quelques œillets (facultatif)
1 lacet de cuir (ou de corde)

Préparation

Étaler le tissu. Retourner l'assiette sur l'envers et, à l'aide du crayon gras, tracer le contour de l'assiette. Tailler le long de cette ligne et marquer des points à intervalles réguliers (environ à un demi-pouce du bord). Ce seront les repères pour l'emplacement des trous (œillets). Il est important d'obtenir un nombre pair de trous afin que le lacet puisse fermer correctement l'aumônière. Poinçonner et poser les œillets. Insérer le lacet dans les œillets en commençant de l'extérieur vers l'intérieur.

Une idée de jeu de rôle parmi tant d'autres

— Je suggère, lors d'un banquet ou d'une fête pour un anniversaire, d'organiser une quête avec tous les invités. Ils peuvent se lancer dans cette chasse au trésor individuellement, bien sûr, mais ils auront encore plus de plaisir s'ils travaillent en équipe, ce que prône l'Ordre d'Émeraude. Il y a plusieurs façons de diviser les convives : par paires, par groupes d'amis et, encore plus intéressant, par royaumes. Selon leurs costumes, vous pouvez les diviser : Chevaliers, Elfes, Fées, gens du peuple, etc. Chaque groupe pourra alors démontrer ses propres caractéristiques, car il est certain que les Elfes, par exemple, ne verront pas les mêmes choses que les autres.

Vous pouvez tout simplement organiser cette quête à la façon d'une chasse au trésor avec un grand nombre d'indices cachés un peu partout, surtout si vous ne disposez pas d'un immense domaine.

Indiquez aussi aux joueurs qu'il ne s'agit pas d'une course, mais plutôt d'une occasion de se fondre dans la peau de leur personnage.

Le but de la quête pourrait être de retrouver un ou plusieurs bijoux magiques de Danalieth dérobés par un serviteur d'Amecareth. Vous pouvez même les remettre en cadeau à l'équipe gagnante.

Chaque indice peut prendre la forme d'une énigme. La solution de celle-ci dirige les participants au lieu où se trouve l'indice suivant, jusqu'à ce qu'ils découvrent le trésor. Par exemple, donnez oralement le premier indice aux invités en leur disant qu'ils trouveront le suivant « protégé par l'un des sujets du Roi Tilly ». Ne leur en dites pas plus et demandez-leur de se concerter avant de prendre votre maison ou votre propriété d'assaut. Évidemment, le Roi Tilly étant le Roi des Fées, vous aurez attaché votre premier morceau de papier autour d'une fleur. Comme deuxième indice, on pourrait lire : « Vous trouverez ce que vous cherchez au pied de Vinbieth. » Si vos convives connaissent la saga des Chevaliers d'Émeraude, ils sauront tout de suite qu'il s'agit d'un arbre.

Vous pouvez inventer autant d'indices que vous le désirez, en tenant compte toutefois des dimensions de votre demeure ou de votre terrain.

Amusez-vous bien !

ANNE ROBILLARD

Devenir Chevalier d'Émeraude

La cérémonie d'adoubement des Chevaliers d'Émeraude

À la fin de votre banquet, organisez une cérémonie solennelle durant laquelle seront couronnés les plus valeureux invités en leur octroyant le titre de Chevalier d'Émeraude. Le maître de cérémonie sera élu en fonction de son rang, ce qui lui permettra de remettre cet honneur. Il prononcera le serment d'Émeraude devant l'aspirant agenouillé.

Le Serment d'Émeraude

Tu as désormais quitté le sentier du doute pour marcher sur celui de la lumière. Tu es désormais un Chevalier d'Émeraude et ton nom n'est plus _____, mais le Chevalier _____ d'Émeraude. Garde ton corps et ton esprit toujours purs. N'entretiens aucune pensée négative ou inutile dans ton cœur et fais-y plutôt croître ton amour pour Enkidiev et tous ses habitants. Ne cherche pas seulement la connaissance dans les livres, mais aussi dans tout ce qui t'entoure. Apprends à ressentir l'énergie dans tout ce qui vit. Partage ce que tu sais avec ceux qui cherchent comme toi, mais soustrais ton savoir mystique aux regards de ceux qui ont des penchants destructeurs. Méfie-toi de ceux qui cherchent à te dominer ou à te manipuler. Sois vigilant face à toute personne qui souhaite te détourner de ton sentier pour sa gloire ou son avantage personnel. Ne te moque jamais des autres, car tu ne sais jamais qui te surpasse en sagesse ou en puissance. Que tes actions soient honorables, car le bien que tu feras te reviendra au centuple. Honore tout ce qui respire, ne détruis pas la vie, sauf si tu dois défendre la tienne. Maintenant répète après moi. Je prends l'engagement de suivre avec honnêteté les règles du code de chevalerie et de travailler avec toute l'ardeur et le courage dont un Chevalier doit faire preuve à servir la paix et la justice sur tout le continent et même sur les pays non encore découverts. Je m'engage aussi à maîtriser ma colère, ma peur et ma hâte en toutes circonstances et à faire appel aux dieux lorsque je dois prendre des décisions ou aider mon prochain. _____, tu es désormais un Chevalier d'Émeraude. Que les dieux te prêtent longue vie.

Ensuite, le maître de cérémonie adoube officiellement le prétendant en lui faisant la traditionnelle accolade (sur les deux épaules) avec le plat d'une épée (en mousse, en métal, en bois ou en latex). La cérémonie se termine par la remise d'un parchemin sur lequel sera écrit le Code de chevalerie d'Émeraude. Les autres personnages s'avancent pour féliciter le nouveau chevalier. Une telle cérémonie clôture admirablement n'importe laquelle de vos fêtes chevaleresques et laissera, gravés profondément dans la mémoire de vos convives, des souvenirs fantastiques et impérissables !

Le Code de chevalerie d'Émeraude

Seuls les individus honnêtes et courageux, pourvus de la faculté d'entrer en contact avec le monde invisible et prêts à se faire ambassadeurs des valeurs du Code d'Émeraude, pourront devenir chevaliers. La chevalerie n'est pas un honneur ! C'est un devoir ! Par conséquent, tout chevalier d'Émeraude devra se conformer aux règles du présent code :

« Respecte l'autorité et ceux qui placent leur foi en toi. Ne trahis jamais la confiance de tes compagnons d'armes.

Ne mets jamais l'Ordre ou tes compagnons d'armes dans l'embarras.

Chasse le mensonge de ta vie à jamais.

Respecte ta parole et ne la donne pas à la légère.

Sois loyal envers les gens avec qui tu t'engages et les idéaux que tu as choisis.

Ne fais jamais de remarques désobligeantes envers tes compagnons d'armes.

Sois poli, courtois et attentif quoi qu'il arrive.

Fais toujours preuve d'une grande maîtrise de toi.

N'affiche aucune arrogance autant en présence des rois que des gens du peuple.

Comporte-toi avec noblesse et donne le bon exemple.

Recherche toujours l'excellence dans toutes tes entreprises.

Garde la foi et ne cède jamais au désespoir.

N'utilise ta force que pour servir le bien, jamais
dans un but de gratification personnelle.

Fais régner la justice où que tu sois, mais demeure humain et miséricordieux.

Ne vante jamais tes propres mérites, laisse
plutôt les autres le faire à ta place.

Respecte la vie et la liberté en tout temps.

Protège les faibles et les innocents où qu'ils se
trouvent et viens-leur en aide si tu le peux.

Soulage la souffrance et l'injustice.

Sois généreux avec ceux qui sont dans le besoin.

Sois prêt à faire des sacrifices pour servir la vérité en toutes circonstances.

Dans le respect des règles du combat, repousse tous ceux qui
tentent de s'emparer de nos terres ou de voler nos gens.

Ne réponds à la provocation que si elle met ta vie en danger.

Ne recule jamais devant l'ennemi et n'attaque
jamais un adversaire désarmé.

N'abandonne jamais un frère ou un allié sur le champ de bataille.

N'éduque qu'un seul Écuyer à la fois pendant
toutes les années de son apprentissage.

Ne te sépare jamais de ton Écuyer.

Respecte ton Écuyer et protège-le contre tous les dangers.

Transmets ta science et tes belles valeurs à ton
Écuyer avec honnêteté et simplicité.

Fais-le savoir si tu crois qu'un enfant mérite de devenir Écuyer
et qu'il n'a pas été choisi par le magicien d'Émeraude.

N'unis ta vie à ton âme sœur que lorsque
ton Écuyer sera devenu Chevalier.

Le chant

Les habitants d'Enkidiev adorent chanter, et nul besoin d'être barde, comme en témoignent les fausses notes du grand chef des Chevaliers, Wellan de Rubis. Pour eux, chanter, c'est se réjouir deux fois. Ils mettent donc tout leur entrain à exécuter des chansons à boire ou des chansons d'amour comme la célèbre *Canso de Santo*. Les troubadours de Faëria sont, à la cour d'Émeraude, des compagnons fort appréciés. Les divers sons qu'ils tirent de leurs multiples instruments (luth, saz, oud, guitares, vielle à roue, vièle, viole de gambe, violon, psaltérion, harpe celtique, flûtes, flûte traversière, voix, conga, bongo, cymbale, tambour médiéval, darbouka, djembé, etc.) confèrent aux airs traditionnels un cachet très «musique du monde», touchant les habitants d'Enkidiev tout entier. Par ailleurs, ils possèdent une corde de plus à leur harpe : la composition. Mais c'est avant tout grâce à la chaleur de leurs mélodieuses voix qu'ils arrivent à charmer même les plus durs d'oreille. Joignez donc votre voix à celle des chanteurs musiciens de Faëria[151] et sentez-vous aussitôt transporté en plein banquet d'Émeraude. Puis, à un moment ou à un autre du banquet – généralement après une cérémonie d'adoubement ou après la profession du Serment d'Émeraude –, entonnez, avec respect et fierté, cet hymne des défenseurs d'Enkidiev :

L'hymne des Chevaliers

Oyez! Oyez! Partout en ce monde
Braves chevaliers, la menace gronde!
Entendez-vous ces plaintes profondes
Vous seuls sur qui l'espoir se fonde?

1

Vous qui habitez un pays
Où la lune brille de magie
Gens d'**Argent** et gens de **Rubis**
Entendez nos peurs dans le soir
Que disparaisse la source de nos cauchemars.

2

Vous nobles **Fées** où l'eau déferle,
Seigneurs des forêts et de **Perle**,
Joignez vos cœurs à cet appel.
Sonnez le glas, levez le bras
Et surtout ne perdez pas la foi.

3

Vous qui vivez dans le levant,
Peuples de **Jade** et **Diamant**,
Gagnez les rangs des combattants.
Couvrez de votre bouclier
Cette terre que vous devez protéger.

4

Vous braves habitants de **Turquoise**,
Ombres de **Zénor** que l'on croise
Défiez l'**Empereur** qui nous toise.
Vivez de courage et d'honneur
Que justice soit faite en nos demeures.

5

Vous simples guetteurs de **Cristal**
Fiers soldats d'**Opale** et de **Fal**
Aidez nous à vaincre ce mal.
Ramenez-nous des jours plus doux
Que la paix règne à jamais parmi nous.

6

Sachez maintenant vils et manants
Qu'**Émeraude** ira aux devants
De ceux qui défient ses enfants.
Portez l'Oriflamme droit devant
Que s'enfuient ceux qui menacent nos rangs.

Refrain final

Oyez! Oyez! Partout en ce monde
Fiers chevaliers, l'ennemi s'effondre.
Voyez! Voyez! La terre qui gronde
Sous les pas des sauveurs de ce monde.

Bibliographie

AUDIN, Amable, *Les fêtes solaires: essai sur la religion primitive*, Paris, Presses Universitaires de France, coll. «Mythes et religions», 1945, 153 p.

BAR, Amélie, *Toutes les bases et les recettes de la bonne cuisine*, Éditions Ouest France, 2005.

BÉDARD, Raymond, *Le Moyen Âge*, Laval, Mondia Éditeurs inc., coll. «Les essentiels», 1996, 154 p.

BÉGUIN, Albert et Yves BONNEFOY, *La Quête du Graal. Les romans arthuriens et la quête du Graal*, Paris, Éditions du Seuil, 1965, coll. «Ponits/Sagesse», #Sa30, 315 p.

BÉRIOU, Nicole et al., (sous la direction de Michel Meslin), *Le merveilleux: L'imaginaire et les croyances en Occident*, Bordas, 1984, 231 p.

BURTON-RUSSELL, Jeffrey, *Witchcraft in the Middle Ages*, Londres, Cornell University Press, 1972, 394 p.

CASTAN, Yves, *Magie et sorcellerie à l'époque moderne*, Paris, Éditions Albin Michel, 1979, 295 p.

CHARMASSON, Thérèse, *Chronologie de la France médiévale (481-1515)*, Paris, Presses Universitaires de France, coll. «Que sais-je?», 1998, 127 p.

CHARTIER, Daniel et Catherine VAUDRY, *La Fête nationale du Québec: un peuple, une fierté*, Montréal, Lanctôt éditeur, 2007, 256 p.

CHEVALIER, Jean et al., *Dictionnaire des symboles: mythes, rêves, coutumes, estes, formes, figures, couleurs, nombres*, Paris, Éditions Robert Laffont et Éditions Jupiter, coll. «Bouquins», 1060 p.

COHN, Norman (traduit de l'anglais par Sylvie Laroche et Maurice Angeno), *Démonolâtrie et sorcellerie au Moyen Âge*, Paris, Payot, 1982, 317 p.

CONTAMINE, Philippe, *La vie quotidienne pendant la guerre de Cent Ans. France et Angleterre*, Paris, Hachette, 1976.

DE VORAGINE, Jacques (traduit du latin par Teodor De Wyzewa), *La légende dorée*, Paris, Perrin et Cie, 1923, 748 p.

D'HAUCOURT, Geneviève, *La vie au Moyen Âge*, Paris, Presses Universitaires de France, coll. «Que sais-je?», # 132, 1944, 126 p.

DUBOIS, Jean, Henri MITTERRAND et Albert DAUZAT, *Dictionnaire étymologique et historique du français*, Paris, coll. «Expression», Larousse, 1998, 822 p.

DUBY, Georges et al., *Dictionnaire du Moyen Âge: histoire et société*, Paris, Encyclopedia Universalis et Albin Michel, Paris, 1997, 923 p.

DUBY, Georges, *La société chevaleresque: Hommes et structures du Moyen Âge*, Éditions de l'École des Hautes Études en Sciences sociales,

1979 et Flammarion, coll. «Champs», 1988, 222 p.

DUBY, Georges et al., *Une histoire du monde médiéval*, Paris, Larousse, 2005, 479 p.

DUNWICH, Gerina, *The Wicca Spellbook: A Witch's Collection of Wiccan Spells: Potions and Recipes*, Citadel Press, 2000, 190 p.

ÉLIOT, Alexander et al., *L'univers fantastique des mythes*, Paris, Presses de la connaissance, 1976, 320 p.

FERRIS, Paul, *Les remèdes de santé d'Hildegarde de Bingen*, Éditions Marabout, coll. «Santé/forme/sexualité», 2007, 185 p.

FEVRIER, Paul-Albert et al., (sous la direction de Jacques Le Goff et René Rémond), *Histoire de la France religieuse: Des dieux de la Gaule à la papauté d'Avignon (des origines au XIVe siècle)*, tome I, Paris, Seuil, coll. «L'univers historique», 1992.

FLORI, Jean, *La chevalerie en France au Moyen Âge*, Paris, Presses Universitaires de France, coll. «Que sais-je?», # 972, 1995, 127 p.

FREMANTLE, Anne (traduit de l'anglais par Marie-France Rivière), *L'âge de la foi*, Pays-Bas, TIME-LIFE Books Inc., coll. «Les grandes époques de l'homme», 1965, 191 p.

GROULT, P., V. ÉMOND et G. MURAILLE, *Littérature française du Moyen Âge*, Gembloux, Éditions J. Duculot S.A., 1964, 302 p.

GUYONVARCH, Christian-J. et Françoise LEROUX, *Les fêtes celtiques*, Rennes, Éditions Ouest-France, 1995, 211 p.

HUTTON, Ronald, *Witches, Druids and King Arthur*, Londres, Hambledon and London, 2003, 365 p.

LARUE, Gérald A., *Ancient Myth and Modern Man*, New Jersey, Englewood Cliffs, Prentice Hall, 1975, 230 p.

LACARRIÈRE, Jacques, *En suivant les Dieux: le légendaire des hommes*, Paris, P. Lebaud, 1984, 379 p.

LAMBERT, Carole, *Du manuscrit à la table: Essais sur la cuisine au Moyen Âge et répertoire des manuscrits médiévaux contenant des recettes culinaires*, Montréal, Les Presses de l'Université de Montréal, 1992, 391 p.

LAURIOUX, Bruno, *Manger au Moyen Âge*, Hachette Littératures, coll. «La Vie Quotidienne», 2002, 299 p.

LAURIOUX, Bruno, *Le Moyen Âge à table*, Paris, Éditions Adam Biro, 1989, 154 p.

LE GOFF, Jacques et Jean-Maurice DE MONTREMY, *À la recherche du Moyen Âge*, Paris, Audibert, 2003, 176 p.

LE GOFF, Jacques, *La bourse et la vie: économie et religion au Moyen Âge*, Paris, Hachette Littératures, 1997, 150 p.

LE GOFF, Jacques, *L'imaginaire médiéval: essais*, Paris, Gallimard, coll. «Bibliothèque des histoires», 1991, 352 p.

LE GOFF, Jacques, *Pour un autre Moyen Âge : temps, travail et culture en Occident : 18 essais*, Paris, Gallimard, coll. «Tel», 1977, 422 p.

LESACHER, Alain-François, *Fêtes et traditions de France*, Rennes, Éditions Ouest-France, 1999, 97 p.

MACMULLEN, Ramsay, *Christianisme et paganisme du IVe au VIIIe siècle*, Paris, Les belles lettres, 1998, 374 p.

MÂLE, Émile, *La fin du paganisme en Gaule et les plus anciennes basiliques chrétiennes*, Paris, Flammarion, 1950, 337 p.

MARKALE, Jean, *Brocéliande et l'énigme du Graal*, Paris, Éditions Pygmalion/Gérard Watelet, coll. «Histoire de la France secrète», 1989, 321 p.

MARTY-DUFAUT, Josy, *La gastronomie du Moyen Âge*, Éditions Autres temps, 2000.

MARTY-DUFAUT, Josy, *La gastronomie au Moyen Âge : 170 recettes adaptées à nos jours*, Gémenos, Éditions Autres Temps, coll. «Temps Gourmands», 1999, 269 p.

MÉHU, Didier, *Gratia Dei : Les chemins du Moyen Âge*, Éditions Fides et le Musée de la civilisation à Québec, 2003, 222 p.

MENNELL, Stephen, *Français et Anglais à table : du Moyen Âge à nos jours*, Flammarion, 1987, 537 p.

MINCKA, *Ma cuisine médiévale*, Éditions Équinoxe, 2004.

MOULIN, Léo, *La vie quotidienne des religieux au Moyen Âge : Xe-XVe siècle*, Hachette, 1978, 380 p.

MUCHEMBLED, Robert et al., *Magie et sorcellerie, d'hier à aujourd'hui*, Paris, Armand Colin Éditeur, 1994, 335p.

PERNOUD, Régine, *Les saints au Moyen Âge : La sainteté d'hier est-elle pour aujourd'hui ?*, Paris, Librairie Plon, 1984, 368 p.

PICOCHE, Jacqueline, *Dictionnaire étymologique du français*, Paris, Dictionnaires Le Robert, coll. «Les usuels», 1992, 619 p.

PILOTE, Carole, *Le Moyen Âge et la Renaissance*, Laval, Éditions Études Vivantes, coll. «Langue et littérature au collégial», 2000, 72 p.

RAY-DEBOVE, Josette et al., *Le nouveau Petit Robert : Dictionnaire alphabétique et analogique de la lange française*, Paris, Dictionnaires Le Robert, 2000, 2841 p.

RICHÉ, Pierre, *De l'éducation antique à l'éducation chevaleresque*, Paris, Flammarion, coll. «Questions d'histoire», 1968, 125 p.

RIDEAU, Émile, *Paganisme ou christianisme : étude sur l'athéisme moderne*, Tournai/Paris, Casterman, 1954, 254 p.

ROBILLARD, Anne, série les Chevaliers d'Émeraude, Tomes I à XII, Boucherville, Éditions De Mortagne.

ROBILLARD, Anne et Claudia ROBILLARD, *Enkidiev, un monde à découvrir*, Éd. Wellan Inc., Longueuil, 2008.

ROSENBERG, Samuel N. et Hans TISCHLER, *Chansons des trouvères : chanter m'estuet*, Paris, Librairie Générale Française, coll. Livre de Poche : Lettres gothiques, #4545, 1995, 1088 p.

RUNEBERG, Arne, *Witches, demons and Fertility Magic : Analysis of Their Significance and Mutual Relations in West-European Folk Religion*, Norwood Editions, 1974, 273 p.

SEIGNOLLE, Claude, *Le folklore du Languedoc : cérémonies familiales, sorcellerie et médecine populaire, folklore de la nature*, Paris, G.-P. Maisonneuve et Larose, coll. « Contributions au folklore des provinces de France », 1977, 302 p.

SCOTTO, Élisabeth, *Les légumes d'autrefois*, Éditions du chêne, 1999.

TAILLEVENT, *Le Viandier*, Édition Manucius, 2001.

TOUSSAINT-SAMAT, Maguelonne, *Histoire naturelle et morale de la nourriture*, Paris, Bordas, 1987, 590 p.

VENCESLAS, Kruta, *Les Celtes*, Paris, Presses Universitaires de France, coll. « Que sais-je ? » # 1649, 2006, 127 p.

VERDON, Jean, *Boire au Moyen Âge*, Éditions Perrin, coll. « Pour l'histoire », 2002, 313 p.

VERDON, Laure, *Le Moyen Âge*, Paris, Éditions Belin, coll. « Sujets », 2003, 287 p.

VIOLLET-LE-DUC, Eugène Emmanuel, *Encyclopédie médiévale*, Tomes I et II (en un livre), Paris, Inter-Livres, 1995, 1439 p.

WALTER, Philippe, *Mythologie chrétienne : fêtes, rites et mythes du Moyen Âge*, Paris, Éditions Imago, 2003, 228 p.

WATHELET, Jean-Marc, *Dictons des bêtes, des plantes et des saisons*, Paris, Belin, coll. « Le français retrouvé », 1985, 302 p.

WEIL, Sylvie, *Trésors de la politesse française*, Paris, Belin, coll. « Le français retrouvé », # 4, 1983, 255 p.

ZACKARIEL-SHAULA (traduit par Valérie Grenier), *Les philtres d'amour : à la découverte des anciennes potions, recettes et talismans pour susciter l'amour, assurer la fidélité et augmenter l'ardeur*, Paris, Éditions De Vecchi, coll. « Poche », 1987, 153 p.

ZHANG Xianliang (trad. par Pan Ailian), *Mimosa : en Chine, aujourd'hui un amour bouleversant*, Bruxelles, Vander, 1987, 254 p.

Ressources électroniques

http://www.alianwebserver.com/societe/carnaval/origines.htm

http://www.chevaliersdemeraude.com/

http://www.cosmovisions.com/textHernequin.htm

http://www.evene.fr/celebre/biographie/pierre-doris-2237.php?citations

http://www.faeria.ca

http://www.graner.net/nicolas/arbeau/orcheso02.php

http://www.joyeuse-fete.com

Histoires ou Contes du temps passé [Texte imprimé]: avec des moralités / par M. Perrault, Nouvelle édition augmentée d'une nouvelle à la fin, Publication A La Haye: [s.n.], 1742. Pour la version originale et intégrale, consultez le site Internet: http://visualiseur.bnf.fr/Visualiseur?Destination=Gallica&O=NUMM-108212

Notes

1. ROBILLARD, Anne, série les Chevaliers d'Émeraude, Tomes I à XII, Boucherville, Éditions De Mortagne.

2. Le CD du groupe Faëria intitulé *¡Baile!* est inclus avec ce livre. Il s'agit d'un terme espagnol qui signifie: Dansez!

3. Diogène Laërce, écrivain et philosophe grec de l'Antiquité.

4. De l'italen *banchetto*, «petit banc». En référence aux bancs disposés autour de la table.

5. Voir exemple d'invitation à la page 165.

6. Prénom tiré du *Roman de Fauvel*. À l'instar du goupil dans le Roman de Renart, Fauvel est le nom de l'animal – un cheval à robe fauve – héros de l'histoire.

7. «Bas» afin d'achever complètement d'humilier le condamné.

8. Informations tirées du site Internet : Le forum des coquillards de Villon, à l'adresse suivante : http://hermineradieuse.aceboard.fr/14766-5119-52663-0-Injures-jurons.htm

9. Réf. : http://hermineradieuse.aceboard.fr/14766-5119-52663-0-Injures-jurons.htm

10. Dans plusieurs romans, dont ceux de Chrétien de Troyes, on utilise l'expression « corner l'eau » pour inviter les convives à s'attabler. C'est au son du cor que l'on annonçait le début du banquet, par conséquent, le moment propice au lavage des mains.

11. Le bois était aussi utilisé dans la fabrication des gobelets, mais l'usage du verre, rare et coûteux, était exceptionnel.

12. Dans certains livres d'histoire médiévale, il est fait mention d'un changement de nappe entre les services.

13. Du latin *domesticus* signifiant « de la maison » (*domus*).

14. Une tranche pour deux personnes.

15. On sert les mets couverts tout d'abord pour éviter qu'ils ne refroidissent durant leur transport, ensuite, pour prévenir d'éventuelles tentatives d'empoisonnement en cours de route.

16. ZHANG Xianliang (trad. par Pan Ailian), *Mimosa : en Chine, aujourd'hui un amour bouleversant*, Bruxelles, Vander, 1987, 254 p.

17. WEIL, Sylvie, *Trésors de la politesse française*, Paris, Belin, coll. « Le français retrouvé », # 4, 1983, 255 p.

18. Voir **La hiérarchie sociale** à la page 17.

19. Prestations troubadouresques, tels les chants, la musique, les tours de prestidigitation et les acrobaties, entre autres.

20. D'où vient notre « dessert ».

21. Le repas du banquet prend officiellement fin avec le boute hors qui est servi dans la chambre du seigneur pendant que les serviteurs retirent les tables et préparent la salle pour les danses qui vont suivre. Boute hors signifie « pousse dehors », ce qui est assez éloquent !

22. Nous supposons que cette tradition veuille évoquer la dernière Cène au cours de laquelle Jésus de Nazareth avait partagé le pain et le vin avec les apôtres. Mais ceci n'est qu'une spéculation toute personnelle.

23. Il s'agit, en réalité, d'une défense de narval.

24. Contamine, Philippe, *La vie quotidienne pendant la guerre de Cent Ans. France et Angleterre*, Paris, Hachette, 1976, p. 228.

25. C'est-à-dire ne pas consommer la chair des quadrupèdes et des oiseaux, les laitages et les œufs.

26. « Humeurs » est un terme générique englobant les divers fluides qui circulent dans le corps humain, à savoir le sang, la bile (jaune ou noire) et le flegme.

27. Donc, propres aux vilains.

28. Les puristes se contenteront de faire le baisemain aux dames mariées et aux nobles.

29. Il peut simplement se courber respectueusement devant la dame. Le genou en terre est un geste qui symbolise une plus grande servitude, une vénération encore plus grande.

30. ARBEAU, Thoinot, *Orchésographie : Considération sur la danse*, tirée du site Internet : http://www.graner.net/nicolas/arbeau/orcheso02.php

31. Il existe plusieurs sous-divisions pour plusieurs d'entre elles.

32. L'expression « basse-danse » caractérise une danse lente.

33. Voir *Bransle des Chevaux* sur le CD annexé au présent volume.

34. *Ibid.*

35. Du latin *saltare*, qui signifie « sauter ». (Même étymologie que « sauterelle ».)

36. Du proverbe *branda*, qui signifie « danser », et *flandrina*, qui veut dire « flâner ».

37. Les troubadours viennent du sud de la France, alors que les trouvères sont du nord du pays.

38. Vous trouverez quelques chansons à boire sur le CD annexé à ce livre.

39. Cette histoire remonte à la tradition gréco-romaine, puis s'est transmise à travers les siècles. Au XVIIᵉ siècle, Perrault en fait l'un de ses contes les plus célèbres. Ce récit se prête merveilleusement bien à une ambiance médiévale. Histoires ou Contes du temps passé [Texte imprimé] : avec des moralités / par M. Perrault, Nouvelle édition augmentée d'une nouvelle à la fin, Publication A La Haye : [s.n.], 1742. Pour la version originale et intégrale, consultez le site Internet : http://visualiseur.bnf.fr/Visualiseur?Destination=Gallica&O=NUMM-108212

40. Il existe plusieurs versions du roman de Tristan et Yseult. Plus d'une sont issues de la tradition orale, ce qui signifie qu'il n'est pas aisé d'en discerner l'auteur original. Cependant, Béroul et Thomas sont deux écrivains auxquels est généralement associée cette histoire d'amour. Leurs œuvres diffèrent quelque

peu par les détails et certains passages. Il existe une multitude d'éditions de cette œuvre mondialement connue, de même que quelques films.

41. Paroles tirées d'une chanson de Gilles Vigneault, intitulée *Ah! Que l'hiver*.

42. Noter que «labour», «labeur» et l'anglais *labor* partagent la même origine latine: *labor*.

43. Signifie «Lumière d'Arthur» en référence à la légende bretonne qui situe, à cette époque de l'année, la naissance du roi Arthur.

44. Nous utilisons le terme «époque» pour signifier un moment non déterminé précisément. Le calendrier tel que nous le connaissons n'étant pas en vigueur dans cette région d'Europe, les habitants ne disposent que de leurs observations sur la course du Soleil pour déterminer, approximativement, les moments forts de l'année.

45. Un pentagramme est une étoile à cinq branches, symbole que l'on retrouve régulièrement dans les traités d'alchimie.

46. Chez les Anciens et les alchimistes, l'éther est le cinquième élément qui se définit comme une substance très légère flottant au-delà de l'atmosphère.

47. Ses feuilles pointues sont censées être très repoussantes pour les esprits malins.

48. Couleurs traditionnelles de la période: le rouge symbolise la chaleur de la lumière, le vert incarne l'espérance et le blanc représente le point neutre, pur, entre les ténèbres et la lumière.

49. Feuille carrée d'environ 4 pouces x 4 pouces.

50. Voir recette du papier-parchemin à la page 15.

51. Il serait bon de prévoir un emplacement sécuritaire pour exercer ce rite. L'âtre d'un foyer constitue l'endroit idéal. À défaut de foyer, prévoir un grand chaudron apte à recevoir les papiers enflammés ainsi qu'un bol d'eau, au cas où…

52. Saint Sylvestre est le 33e pape à avoir occupé le Saint-Siège, de l'an 314 à l'an 335.

53. Du grec *karêbaria*, «mal de tête».

54. Une chanson de geste (du latin *gesta*, «action accomplie») est une pièce de musique chantée en vers, qui relate les faits héroïques et exploits accomplis par des chevaliers ou des hauts personnages.

55. Notez la ressemblance entre les mots Eliscamps et Hellequin…

56. http://www.cosmovisions.com/textHernequin.htm

57. Les Saturnales, qui étaient célébrées du 17 au 19 décembre, s'étendent, sous l'empereur romain Domitien, à sept jours, du 17 au 23 décembre.

58. Janvier : du latin *januarius*, mois de Janus.

59. Le nom du Tibre vient du latin *Tiberinus*. Le Tibre est un fleuve qui traverse la ville de Rome.

60. Symbole de liberté, le bonnet phrygien était porté par les esclaves affranchis en Grèce et à Rome.

61. De la ville de Bougie (Bejaia depuis 1962), en Algérie, d'où provenait la cire fine destinée à la fabrication des chandelles.

62. Ce sacrifice du taureau, ou « tauroctonie » dans le culte de Mithra, peut aussi être répété le 15 février.

63. Pris séparément, *salsa* signifie « salé » en latin et *mola* veut dire « meule » : en effet, la *mola salsa* est une mixture faite à base d'épeautre moulue mélangée à du sel marin. Mais c'est plus que cela, car l'expression « *mola salsa* » est employée pour désigner la farine utilisée pour les sacrifices, du reste le verbe « immoler » vient de *mola*. Cette *mola salsa* représente le peuple romain, alors que le vin symbolise les dieux.

64. Autrefois, il s'agissait d'un véritable animal ; aujourd'hui, nous utilisons une réplique par respect pour la vie.

65. Une marotte est un sceptre attribué généralement aux fous du roi. Il s'agit d'une tige rigide au bout de laquelle est fixée une petite tête aux traits grossiers et, la plupart du temps, disgracieux, coiffée d'un chapeau de bouffon à grelots. Apparemment, le terme « marotte » serait le diminutif du prénom Marie et remplirait une fonction similaire à celle des marionnettes. La marotte est l'incarnation physique des idées – métaphysiques – un peu folles qui trottent dans la tête de tous et chacun.

66. De l'ancien français « merel », « jeton ».

67. Pour obtenir une version pdf de la planche de jeu, consulter le site Internet www.faeria.ca

68. Deux anecdotes intéressantes : Tout d'abord, au Québec, la coutume veut qu'on confectionne deux gâteaux – un pour les hommes et un pour les femmes – dans lesquels on cache une fève pour déterminer qui sera roi et un pois pour élire sa reine, l'instant d'un repas. La seconde anecdote a trait à la fève elle-même. Il existe des fèves « synthétiques » en porcelaine, en argent, en or ou autre. Ces fèves constituent des objets très convoités par les collectionneurs appelés « fabophiles ».

69. Dieu du vin chez les Romains.

70. Vois les Lupercales à la page 98.

71. De l'italien *soldato*, de *soldare*, payer une « solde » : pièce de monnaie solide.

72. Il eut la tête tranchée, supplice réservé aux citoyens romains.

73. Il s'agit d'une façon ancienne de jurer, au même titre que de poser la main sur les Évangiles en disant : « Je le jure. »

74. Noter que le terme « valentine » ne fait partie du vocabulaire français que depuis peu.

75. Phrase finale d'une chanson du poète québécois Gilles Vigneault intitulée *La danse à St-Dilon* et évoquant une assemblée « réchauffée » au terme d'une danse endiablée.

76. Du latin *cupido*, désir, passion. Fils de Vénus, Cupidon est le dieu de l'amour chez les Romains. Ses attributs sont l'arc et les flèches.

77. Grotte où la louve Luperca (louve) aurait allaité Remus et Romulus, fondateurs de Rome.

78. Du latin *holocaustum*, brûlé tout entier.

79. Parchemin, du grec *pergamênê*, peau de Pergame, ville d'Asie Mineure.

80. Certaines sources parlent d'un couplage d'une durée d'un an…

81. La date des fêtes de Pâques correspond au premier dimanche qui suit la première pleine lune après l'équinoxe de printemps (21 mars).

82. Nous déconseillons fortement cette pratique en raison des risques de brûlure grave. Cette mention est donnée à titre informatif uniquement.

83. Le poisson y est probablement privilégié en hommage à la constellation des poissons, qui domine le ciel à cette période de l'année.

84. Aphrodite et son fils Eros sont déesse et dieu grec de l'Amour.

85. Dixit : Charles d'Orléans.

86. Du latin *primum tempus* signifiant « premier temps » (au sens de début du cycle de la nature).

87. Nom de la déesse du printemps dans les pays nordiques. Ce nom s'apparenterait au latin *œstrus*, « période d'ovulation ou de rut chez les animaux ». Nous avons conservé de cette racine le mot « œstrogène ».

88. C'est à l'est que se lève la lumière, *East* pour les anglophones, d'où *Easter* (*Oster* pour les Allemands), Pâques.

89. Voir **Symboles et symboliques du futhark** à la page 110.

90. Voir symbolique des fleurs à la page 109.

91. Cérémonial contemporain qui vise à reproduire les gestes des Anciens.

92. Il pourrait être intéressant de fixer, à cette occasion, la date d'une autre fête (par exemple, Beltane) à l'occasion de laquelle tous seraient conviés à rapporter et à exposer leur plante, histoire d'apprécier les « pouces verts » parmi vos amis et de vous amuser un peu aux dépens des jardiniers moins doués…

93. Le futhark est un alphabet runique ancien typique du nord de l'Europe et comptant 24 « lettres ». L'interprétation mystique des runes du futhark constitue une branche des sciences de divination. Son nom est tiré des six premières lettres de cette écriture, à l'instar d'alpha et de bêta qui forment le mot « alphabet ».

94. Dixit : Edmond Rostand dans *Chantecler*.

95. Du latin populaire *sortiarius*, « diseur de sorts ».

96. Du grec *diaboluos*, « qui désunit ».

97. On désigne également la fête de Beltane par le terme Cetsamhain qui signifie « à l'opposé de Samhain ».

98. Du celtique *Dru-wid-es*, « les très savants ».

99. Voir exemples de fleurs comestibles dans la section « Ostara », à la page 107.

100. Le dieu Cornu se nomme Cernunnos chez les Celtes. C'est le maître des bêtes de la forêt. Amant de la déesse-mère (Nature), il porte, sur la tête, des bois de cerf en signe de virilité.

101. Fille de Faunus, déesse de la fécondité chez les Romains, Maïa incarne le printemps. Sa fête se célèbre en mai.

102. Nommés Lady et Lord, chez les peuples anglo-saxons.

103. Jack-in-the-green est un personnage du folklore britannique, feuillu et vêtu de vert. Il est l'une des représentations du dieu Soleil, son feuillage évoquant la puissance créatrice.

104. Vous trouverez les paroles de cette carolle à la page 121. Ce chant dansé se trouve également sur le CD qui accompagne ce livre.

105. Nous déconseillons fortement cette pratique en raison des risques de brûlure et de propagation du feu aux vêtements qui lui sont associés.

106. Chanson anonyme écrite en langue occitane.

107. Du latin *solstitium*, de *sol* et *stare*, respectivement « soleil » et « s'arrêter ».

108. Voir la note 103.

109. Ces herbes et ces fleurs sont la lavande, le millepertuis, la verveine, le gui, les feuilles de sureau, la camomille, la rose, le fenouil et la pensée.

110. Nous déconseillons fortement cette pratique qui comporte d'énormes risques de brûlure.

111. La déesse-mère peut aussi être associée au dieu Soleil en tant qu'avatar.

112. Quand on sait que les fêtes de Beltane donnaient lieu à des rituels de fertilité, on comprend que juin soit devenu le mois du mariage… obligé.

113. Voir la recette du thé glacé à la pomme et au miel à la page 128.

114. Le millepertuis (mot qui signifie « mille trous ») se nomme également « herbe de la Saint-Jean », car une légende raconte qu'elle était abondamment utilisée pour guérir les blessures par les chevaliers de Saint-Jean-de-Jérusalem. La période de floraison de cette plante coïncide avec la Saint-Jean, d'où le nom. Une très ancienne légende veut que si l'on marche sur du millepertuis durant la nuit de Litha, on se trouve instantanément transporté au pays des fées. Une autre prétend que ses feuilles, placées sous l'oreiller la veille de la Saint-Jean, protègent le dormeur de la mort durant une année entière.

115. Inspiré d'un rituel wiccan. La Wicca est une religion (ou philosophie) polythéiste néo-païenne.

116. Ces amulettes, qui représentent l'œil du dieu Soleil, étaient jadis utilisées par les anciennes peuplades sud-américaines à titre de décorations et de talismans de protection.

117. Étymologiquement, le mot « cordon » est un dérivé du latin *chorda*, « boyau ».

118. Lughnasadh (ou Lugnasad) signifie « assemblée en l'honneur de Lugh (Lug) ». C'est l'automne celtique.

119. *Harvest moon* signifie « Lune des moissons ».

120. La ville de Lyon (peut-être de Lion), en France, s'appelait autrefois Lugdunum, qui signifie « forteresse de Lug ».

121. Traduction libre de *Corn Maiden*.

122. Genre de joute d'improvisation sur des thèmes suggérés, où les participants doivent rivaliser d'éloquence et d'esprit.

123. « Maïs » est pris ici dans le sens de tout grain ou fruit récolté.

124. Dans certaines régions d'Europe, les poupées sont faites avec les feuilles séchées d'un épi de l'été précédent, car l'esprit de la déesse est censé y être conservé durant toute une année.

125. Aussi nommé «héliotrope», du grec *hêlios*, «soleil», et de *trepein*, «tourner dans la direction de».

126. Dieu de la jeunesse chez les Celtes. Le christianisme a récupéré cette fête de Mabon pour en faire la fête de sainte Mabyn, l'une des filles de saint Brychan, figure chrétienne connue en Cornouailles.

127. Par référence à Herne le Chasseur, héros de la mythologie anglo-saxonne. Vous pouvez consulter cette légende à la page 142.

128. On peut faire brûler des feuilles de chêne séchées, faute d'encens.

129. Vous trouverez, à ce propos, une excellente recette de capilotade, à la page 143.

130. Un veneur est un chasseur qui s'adonne à la vénerie, à savoir l'art de la chasse à courre (gros et petit gibier).

131. La viande de deux bœufs de sacrifice est également admise, mais il s'agit d'une quantité énorme de nourriture pour un banquet d'humble proportion. En outre, nous nous dissocions totalement de cette pratique du sacrifice rituel d'un animal.

132. Légume-racine ressemblant à la carotte, de couleur beige et au goût légèrement sucré.

133. C'est de là que vient le fameux «*trick or treat*» des Américains. Voir Halloween à la page 152.

134. Cette fête catholique fixée, en 835, au 1er novembre de chaque année et destinée à supplanter la fête païenne de Samhain. À la Toussaint, l'Église célèbre tous les saints, hommes et femmes, qui sont au Paradis et qui veillent sur le monde des mortels. De cette fête découle Halloween ou All Hallows' Eve, qui signifie «veille de la Toussaint» en ancien anglais. On confond souvent la Toussaint avec la Fête des morts, qui se fête le 2 novembre. C'est probablement ce qui explique l'apanage morbide associé à Halloween.

135. Voir Samhain à la page 144.

136. Voir la légende de Jack O'Lantern à la page 156.

137. Ces trois dernières suggestions ne peuvent – évidemment – être admises dans le cas d'une reconstitution historique.

138. Lieu mythique peuplé d'elfes, de fées et de peuples divers, se situant par-delà les territoires inconnus et accessible uniquement aux initiés d'Émeraude et à leurs proches.

139. Voir la recette du papier-parchemin à la page 15.

140. Bergeau est un Chevalier d'Émeraude né dans le Désert. Il a le verbe facile et aime contribuer à l'esprit de toute fête en y allant systématiquement du récit imagé de l'une des mille aventures qu'il a vécues.

141. Voir recette de papier-parchemin à la page 15.

142. Santo, rappelons-le, est un Chevalier d'Émeraude qui, en plus d'être poète et musicien, possède le pouvoir de guérir blessures et maladies. Il est, en outre, d'une extraordinaire douceur et fait preuve d'une empathie qui lui attire la reconnaissance de chacun.

143. Voir la recette du papier-parchemin à la page 15.

144. Pour de plus amples renseignements, consultez le livre de Claudia et Anne Robillard intitulé : *Enkidiev, un monde à découvrir*, Éd. Wellan Inc., Longueuil, 2008.

145. Le mot «jean» vient du nom «Gênes», ville d'Italie où l'on produisit pour la première fois une toile grossière teintée du «bleu de Gênes». Nos bons voisins les Anglais, avec leur prononciation toute délicieuse, traduisirent l'expression par «blue jean».

146. Nous évitons volontairement de mentionner l'usage du point zigzag qui sert à empêcher le tissu de s'effilocher. Nous supposons que le couturier en herbe connaît le principe et en fera bon usage.

147. Il s'agit d'un modèle très élémentaire. Les couturiers expérimentés sauront quoi faire pour rendre le vêtement plus résistant et avec une finition plus complète.

148. Pour les mordus qui souhaiteraient se fabriquer des souliers façon «poulaines», nous vous référons à notre site Internet où vous trouverez de multiples patrons à réaliser : *www.faeria.ca*.

149. Un baudrier est un support à épée, généralement fait de cuir.

150. L'on peut se procurer cet accessoire en remplissant le bon de commande situé à l'adresse Internet suivante : www.chevaliersdemeraude.com/index.php?page=44#bloc3

151. Voir le CD inséré dans ce livre.

Table des matières

Remerciements 7

Préface 9

Introduction 11

Un banquet médiéval pas à pas 13

Le lieu du banquet 14
L'invitation 14
Le jeu de rôle 15
La hiérarchie sociale 17
Les métiers et les dénominations 18
L'origine des noms 22
La parlure 25
La décoration 33
La table 33
La tenue vestimentaire 34
L'accueil des convives, les bonnes manières et leurs règles 39
L'ordre des services 40
Les aliments 41
Les courtoisies 45
La danse 47
La chanson 48
Le jeu 55
Contes et farces 56
Histoires fantastiques 60

Des saisons et des fêtes 67

L'hiver 69
Yule 70
Saint-Sylvestre 78
Saturnales 82
Fête des fous 84

Épiphanie 87
Conversion de saint Paul 89
Imbolc 92
Saint-Valentin 94
Lupercales 98
Carnaval 99
Fête des brandons 102

Le printemps **105**
Ostara 106
Saint Georges 111
Nuit de Walpurgis 112
Beltane 115
Arbre de Mai 118

L'été **123**
Litha 124
Lughnasadh 132

L'automne **139**
Mabon 140
Samhain 144
Halloween 152

Secrets du banquet des Chevaliers d'Émeraude **163**

L'invitation 164
Jamais sans mon conteur 164
Le menu 166
La décoration 166
La douceur d'un poème 166
La nappe 167
Les couverts 167
Les ustensiles 167
Les coupes, verres et gobelets 167
Les marque-places 168
L'éclairage et la décoration 168

Les spectacles de feu 168

Le lampion d'Émeraude 169

Les lames vives 169

La bannière 170

Autres suggestions 170

Menu dégustation pour 4 personnes **171**

Chevaliers d'Émeraude et personnages d'Enkidiev 182

De pied en cap 182

Le capuchon ou chaperon des paysans 183

La cape des elfes 183

Les braies (pantalon) des paysans 184

Les guêtres des chevaliers 184

La jupe des paysannes (et dames) 185

Les chaussures 186

Les accessoires 186

L'aumônière 187

Une idée de jeu de rôle parmi tant d'autres 187

Devenir Chevalier d'Émeraude 189

La cérémonie d'adoubement des Chevaliers d'Émeraude 189

Le Serment d'Émeraude 189

Le Code de chevalerie d'Émeraude 190

Le chant 192

L'hymne des Chevaliers 193

Bibliographie 194

Ressources électroniques 198

Notes 198